Staff Development

1

大学SD講座 1
大学の組織と運営

中井俊樹 編著

玉川大学出版部

「大学 SD 講座」刊行にあたって

　「大学 SD 講座」は、大学職員として必要となる実践的な知識を体系的に提示することで、大学の教育研究活動の運営にこれまで以上に貢献したいと考える大学職員を支援しようとするものです。シリーズ名に含まれる SD という用語は、スタッフ・ディベロップメントの略称であり、大学職員などの能力開発を指します。

　第一の読者として想定しているのは大学職員です。勤務経験の短い大学職員にとっては難しいと感じる内容が含まれるかもしれませんが、大学とはどのような組織であり、自らがどのように活動を進めるべきかを理解することができるはずです。勤務経験の長い大学職員にとっては、これまでの現場での経験を振り返り、その後の自身のキャリアを考えるきっかけになるでしょう。また、研修を担当する大学職員にとっては、研修全体の構成を検討したり、個々の研修の教材を作成したりする際に役立つでしょう。

　大学職員に加えて、大学教員も読者の対象として考えています。大学設置基準では、SD の対象として一般の大学教員や学長などの大学の執行部も含まれていますが、本シリーズは広く教職員に役立つ内容となっています。さらに、大学職員を目指す方や大学から内定をもらい近々大学職員になる方にも手に取ってほしいと考えています。本シリーズでは便宜上、大学という用語を使用していますが、短期大学、高等専門学校などの高等教育機関の職員にも役立つ内容になっています。

　2017 年の大学設置基準の改正において、SD が義務化されました。多くの大学では、この義務化を契機に大学職員の研修の制度や体制が充実しつつあります。制度や体制の充実化が進められる一方で、遅れているのは質の高い教材の開発です。特定領域の内容については優れた教材が作成されるようになってきていますが、体系的にまとめられた本格的な書籍はほとんど見られないのが現状です。

　本シリーズの最大の特徴は、大学職員の視点で大学職員に必要となる

知識が整理されてまとめられているという点にあると考えています。そのため、多くの大学職員に執筆者や協力者として加わっていただき意見を反映しました。これまでの多くの大学論は高等教育研究者などの大学教員の視点でまとめられているのに対し、本シリーズは大学職員が自分たちの後輩や同僚に何を伝えるべきなのかという視点を重視して内容をまとめています。

　本シリーズは、教職員能力開発拠点として認定されている愛媛大学教育・学生支援機構教育企画室の活動の成果です。刊行にあたっては、全国で活躍する多くの教職員から有益な情報をいただきました。本シリーズが多くの大学関係者に活用され、直面する課題を解決し大学の教育研究活動の運営の質を高めることに役立つことを願っています。

シリーズ編者　中井俊樹

はじめに

　大学は社会の中でどのような存在なのでしょうか。大学は国や市場といった環境とどのような関係にあるのでしょうか。大学は大学以外の組織とどのような点で異なるのでしょうか。大学という組織はどのような論理で動いているのでしょうか。また、それらの大学の特徴はどのような歴史的な背景のもとで形成されてきたのでしょうか。

　大学職員として日々の業務に追われていると、このような大学の組織と運営にかかわる大きな問いについて考える機会は少ないかもしれません。しかし、大学の組織と運営の特徴を知ることによって、自分の行っている業務が大学全体の活動とどのようにつながっているのか、ほかの教職員とどのように協働を進めたらよいのか、大学外のさまざまなステークホルダーとどのように接すればよいのかなどを理解することができます。大学の教育研究活動を適切に運営するには、職場である大学のことを正しく認識することが必要です。

　「大学 SD 講座」の 1 巻である『大学の組織と運営』は、社会の中で大学がどのように位置づけられ、大学がどのように運営されているのかを理解することができるようにまとめられています。大学の組織と運営は、法令や制度から理解することもできますが、そのような法令や制度がどのような背景のもとでつくられたのかといった知識も重要です。さらに、大学には長い伝統と文化があるため、法令や制度のように明文化されない特有の価値観もあり、それらが大学の運営に影響を与えているということを知っておかなければいけません。

　本書の特徴は、大学の組織と運営をさまざまな相互作用として理解することができる点にあるといえます。大学と国、大学と市場、教学と経営、全学と部局、教員と職員などは、相互に影響を及ぼしています。それぞれに働く力や関係性に着目することで、複雑な大学の組織と運営を正しく理解することができるでしょう。

　本書は、12 章から構成されています。各章の視点から大学の組織と

運営が理解できるようになっています。第1章から順に読まれることを想定していますが、各章においても内容が完結するように執筆していますので、自分の関心のあるところから読み始めてもよいでしょう。

　読みやすさと親しみやすさも本書では重視しています。できるだけわかりやすい文章を心がけ、本文の内容にあったイラストも挿入しています。また、執筆者の経験や意見を短い読み物形式でまとめたコラムも掲載しています。さらに、本文中に「**教授会***」のように右肩に印がつけられている用語は、巻末の用語集において解説をしています。用語集には本文における掲載頁が示されており、索引としての機能も兼ねています。

　本書で使用する用語についてあらかじめ説明します。職員という用語は、法令などで教員を含めて用いられる場合もありますが、本書では教員を含まない用語として使用しています。教員を含む場合には、大学の現場で使われる教職員という用語を使用します。

　また、運営という用語は、経営やマネジメントと区別して使われることがありますが、現時点では運営、経営、マネジメントの3つの用語の違いが広く共有されていないため、基本的には運営という用語を包括的に使用します。ただし、経営協議会、教学マネジメントといったように一般化している用語や文脈上より適切であると考えられる場合には、経営やマネジメントという用語も使用しています。

　本書の大半は書き下ろしたものですが、第8章については中井俊樹（2017）「大学教員の共通する特徴を理解する」（『教育学術新聞』平成29年7月5日号）の内容をもとに加筆修正しました。

　本書の刊行にあたり、多くの方々からご協力をいただきました。特に「大学SD講座」のほかの巻の多数の執筆者からは数回にわたり有益なコメントをいただきました。さらに、淺田隼平氏（愛媛大学）、井上慎二氏（高知大学）、織田隆司氏（愛媛大学）、小林功英氏（日本私立大学協会）、篠田雅人氏（宝塚大学）、砂田寛雅氏（愛媛大学）、高木佳代子氏（愛媛大学）、竹重和也氏（徳島大学）、藤本正己氏（徳島文理大学）、山崎

千鶴氏（玉川大学）、山本淳司氏（京都大学）、米田健氏（愛媛大学）には、本書の草稿段階において貴重なアドバイスをいただきました。また、濱口愛美花氏（当時愛媛大学大学院教育学研究科大学院生）には、資料の作成や書式の統一などにご協力いただきました。そして、玉川大学出版部の森貴志氏には、本書の企画のきっかけをいただき、本書が完成するまでのさまざまな場面でお力添えいただきました。この場をお借りして、ご協力くださったみなさまに御礼申し上げます。

編著者　中井俊樹

目　次

「大学 SD 講座」刊行にあたって　　iii
はじめに　　v

第 1 章　大学の基本的な特徴 ─────── 3

 1　職場である大学を理解する　　3
  (1)　大学は特殊な組織？　　3
  (2)　さまざまな側面から理解する　　3
 2　大学の特徴を理解する　　4
  (1)　高等教育機関である　　4
  (2)　継承される伝統や文化がある　　4
  (3)　社会の発展に寄与する　　5
  (4)　公的な財政的支援がある　　5
  (5)　設立には認可が必要である　　6
  (6)　学位を授与する　　6
  (7)　自治が認められている　　7
 3　大学と環境の関係を理解する　　8
  (1)　国と市場という環境　　8
  (2)　国、市場、大学の関係から理解する　　8
  (3)　日本の大学の特徴を理解する　　9
 4　大学の発展段階を理解する　　10
  (1)　量が意味を変える　　10
  (2)　大学進学の意味が変わる　　11
  (3)　大学のあり方も変わる　　11

第2章　大学を取り巻く環境 ─── 13

  1　環境を把握する意義を理解する　13
  （1）　大学は社会を映す鏡　13
  （2）　大学職員には広い視野が求められる　13
  2　環境の変化がもたらす諸課題を理解する　14
  （1）　グローバル化は何を求めてくるのか　14
  （2）　18歳人口の減少は何をもたらすか　17
  （3）　労働市場・産業構造が転換する　18
  （4）　大学の地域貢献が期待されている　20
  （5）　専門職大学が設置される　22
  3　未来の環境を先取りして考える　24
  （1）　経営につながる未来　24
  （2）　社会変革につながる未来　24

第3章　大学の歴史と伝統 ─── 26

  1　歴史を学ぶ意義を理解する　26
  （1）　大学の歴史を学ぶ意味　26
  （2）　歴史を学び成長する　26
  2　大学の起源と発展を理解する　27
  （1）　大学は中世ヨーロッパで誕生した　27
  （2）　近代のドイツで再生した　28
  （3）　アメリカで制度が発展した　30
  3　日本の大学の発展を理解する　31
  （1）　日本で最初の大学　31
  （2）　大学が日本各地に広がった　32
  （3）　戦後の大改革が行われた　33
  （4）　大学が紛争の舞台になった　34

(5)　拡張から抑制へ　　35
　(6)　急激な変化への対応が求められる　　36
4　歴史の中の構成員を理解する　　38
　(1)　学生は大人として扱われた　　38
　(2)　大学教員は変人ばかりだったのか　　39
　(3)　大学職員はいつから存在したのか　　39
　(4)　戦後の大学職員の役割　　40

第4章　大学の制度 ―――――――――――――― 42

1　大学を制度から俯瞰する　　42
　(1)　大学の制度を理解する　　42
　(2)　学校体系における大学　　42
　(3)　大学を設置できる組織　　43
2　大学に関連する法令を理解する　　44
　(1)　法令を理解するための基礎知識　　44
　(2)　教育基本法が示す大学のあるべき姿　　45
　(3)　学校教育法で大学制度の骨格を理解する　　46
　(4)　大学設置基準を理解する　　46
3　大学を取り巻く政策と制度を理解する　　47
　(1)　中央教育審議会で政策が審議される　　47
　(2)　政策はさまざまな場で検討されている　　48
　(3)　政策を大学に浸透させる　　49
　(4)　設置認可制度を理解する　　49
4　大学の質を保証する仕組みを理解する　　50
　(1)　事前規制から事後チェックへ　　50
　(2)　事後チェックを受ける義務　　51
　(3)　認証評価制度を理解する　　52
　(4)　社会への説明責任を果たす　　53

第5章　大学の財政基盤 ─────── 54

1　大学の財政を支える仕組みを理解する　54
(1)　大学の経済的側面は軽視できない　54
(2)　国や家計が大学の財政基盤となる　54
(3)　大学の財務には基本ルールがある　55
(4)　財務に対する大学の責任　56
2　国や家計との関係を理解する　57
(1)　大学の予算規模を理解する　57
(2)　大学は経済的効果をもたらす　58
(3)　大学進学は家計にとって大きな買い物　58
(4)　大学進学には個人の便益がある　59
3　大学財務の原則を理解する　60
(1)　予算制度が重視される　60
(2)　財務諸表の種類を理解する　61
(3)　大学の財務状況を確認する　62
(4)　大学の財務が適正かどうかを確認する　63
4　大学の財政基盤を強化する　63
(1)　定員充足は財政基盤強化の第一歩　63
(2)　傾斜配分方式の予算を獲得する　64
(3)　財源の多様化を模索する　65
(4)　教育と経営のバランス　66

第6章　大学の組織体制 ─────── 68

1　大学を運営する仕組みを理解する　68
(1)　大学を運営するとは　68
(2)　大学を運営できる組織　68
(3)　合議制が基本である　69

(4) 理事長と学長の関係　69
　2　教学を運営する仕組みを理解する　71
　(1) 学長の資格と役割　71
　(2) 大学ごとに学長の選出方法は異なる　72
　(3) 大学執行部と学部の関係　72
　(4) 具体的な事項は委員会で検討する　73
　3　学内組織の特徴を理解する　73
　(1) 指示命令系統が明確ではない教員組織　73
　(2) 連携が苦手な職員組織　74
　(3) 学外関係者の知見を運営に活かす　75
　4　社会の中で存在する大学であるために　76
　(1) 自らの力で改善する　76
　(2) 監事による監査を活かす　77
　(3) 理念を具体化する　78

第7章　大学の意思決定 ── 79

　1　制度上の意思決定の仕組みを理解する　79
　(1) 大学には自治がある　79
　(2) 法令上の仕組みは確立されている　80
　2　大学の組織的な特徴を理解する　80
　(1) 大学は組織の集合である　80
　(2) 歴史的な経緯は無視できない　81
　(3) 設置者から大きな影響を受ける　82
　(4) 事務部門も意思決定を行う　83
　3　大学の意思決定を一般化して理解する　83
　(1) ガバナンスとマネジメント　83
　(2) ゆるやかにつながっている　84
　(3) シェアードガバナンスという考え方　85

(4) 学長によるリーダーシップ　86
　4　意思決定における非公式の機能を理解する　87
　　(1) 教授会の権限と実態　87
　　(2) 委員会の合意形成の機能　88
　　(3) 大学職員の意思決定への参画　88
　　(4) 合意形成のプロセスが重要である　90

第8章　大学教員の特徴 ─────────── 91

　1　大学教員の行動を理解する　91
　　(1) 大学教員の不思議な言動　91
　　(2) 統計から大学教員の特徴を理解する　91
　　(3) 多様な大学教員が存在する　92
　2　大学教員は専門職である　93
　　(1) 特別な専門職である　93
　　(2) 専門性が高い　94
　　(3) 職務が幅広い　95
　　(4) 裁量が大きい　96
　　(5) 活動に際限がない　96
　3　自立性を支える慣行と制度がある　97
　　(1) 学問の自由が保障される　97
　　(2) 終身雇用で守られている　97
　　(3) 組織構造が平らである　98
　4　大学教員は組織の構成員である　99
　　(1) 専門職は指示では動かない？　99
　　(2) 組織に所属する専門職　100
　　(3) 役割の葛藤を抱えている　101
　　(4) 求められる組織の論理　102

第 9 章　事務組織の特徴 ─────────── 103

1　事務を担う組織の構造を理解する　103
(1)　事務組織の根拠はどこにあるか　103
(2)　大学の事務組織は複雑である　104
(3)　設置形態別に特色がある　104
(4)　企業組織とは異なる　105
2　事務を担う構成員を理解する　106
(1)　統計から大学職員の特徴を理解する　106
(2)　さまざまな雇用形態が存在する　107
(3)　大学職員の採用を理解する　108
(4)　人事制度を取り巻く課題　108
(5)　大学職員の仕事に対する意欲　109
3　部門ごとの大学職員の役割を理解する　110
(1)　管理部門を理解する　110
(2)　教務学生支援部門を理解する　110
(3)　教育研究を支える部門を理解する　111
(4)　大学外との連携を担う部門を理解する　112
4　事務組織の業務の特徴を理解する　113
(1)　官僚制を基本とした組織　113
(2)　官僚制の逆機能に注意する　114
(3)　教員と職員の関係　114
(4)　事務組織の業務を改善する　115

第 10 章　大学の戦略 ─────────── 117

1　戦略とその意義を理解する　117
(1)　大学は環境の中に存在している　117
(2)　大学における戦略を理解する　117

（3）大学における戦略の意義　119
　2　大学の戦略には構造がある　120
　　（1）大学の理念を理解する　120
　　（2）戦略には階層がある　120
　　（3）長期的な視点で戦略を理解する　120
　　（4）戦略策定の方法を理解する　121
　3　競争の戦略を理解する　122
　　（1）競争の戦略には3種類ある　122
　　（2）コスト・リーダーシップ戦略　123
　　（3）差別化戦略　124
　　（4）集中戦略　124
　4　さまざまな大学の戦略を理解する　125
　　（1）新規の事業に取り組む　125
　　（2）他大学の成功事例を模倣する　126
　　（3）他機関と連携する　126

第11章　大学のステークホルダー ── 128

　1　多様なステークホルダーが存在する　128
　　（1）大学のステークホルダーは誰か　128
　　（2）国民に支えられている　129
　　（3）大学の評判は人が支える　130
　　（4）ステークホルダーとの向き合い方　131
　2　学生は重要なステークホルダー　131
　　（1）受験生のニーズをつかむ　131
　　（2）学生の意見を反映する　132
　　（3）大学を支える卒業生　133
　3　国民との関係を理解する　134
　　（1）税金が大学に配分されている　134

(2)　国民全員で負担する意味　135
　(3)　地域と大学のこれからの関係　136
　4　社会との関係を構築する　136
　(1)　メディアは強力なステークホルダー　136
　(2)　企業とともに社会を支える　137
　(3)　イノベーションで未来を切り拓く　137

第12章　大学職員に対する期待 ── 139

　1　大学職員への期待は大きい　139
　(1)　大学職員が注目されている　139
　(2)　大学職員が研究の対象になる　140
　(3)　大学職員自身も考えている　140
　2　政策の中の大学職員を理解する　142
　(1)　伝統的な大学職員の位置づけ　142
　(2)　大学の運営の一端を担う　143
　(3)　学習支援を充実させる　144
　(4)　研究支援を高度化する　145
　3　大学職員の新たな課題を理解する　146
　(1)　SDの義務化を理解する　146
　(2)　教職協働が求められている　147
　(3)　専門職化の議論もある　149
　4　環境の変化に対応する　150
　(1)　責務の基本に立ち返る　150
　(2)　環境変化や大学の戦略を意識する　150
　(3)　ほかの大学職員とともに成長する　151

資料　153
　1　主要法令　153

2 高等教育関連年表　　156
3 用語集　　159
参考文献　　181

大学の組織と運営

第1章　大学の基本的な特徴

1　職場である大学を理解する

(1) 大学は特殊な組織？

　大学は特殊な組織だとよくいわれます。大学以外の組織に勤務した経験をもつ者は、大学の特殊性に困惑する場合も少なくありません。一方、大学で長く勤務している者にとっては、大学での常識があたりまえのようになってしまい、大学の特殊性に鈍感になっているかもしれません。

　大学がどのような特徴をもっているのかを正しく理解することは、大学職員が活動を進めるうえで重要です。また大学は、学生の親、地域社会、行政機関、地元企業、メディアなど大学外のさまざまな**ステークホルダー***とともに活動を進めていきます。大学外の人たちと活動を進めるには、大学の特徴を適切に説明し、理解してもらうことが必要になるでしょう。

(2) さまざまな側面から理解する

　大学は、法令や制度から理解することができます。なぜなら、大学の特徴は法令や制度にも反映されているからです。たとえば、**学校教育法***において大学に**教授会***を置くことが定められています。大学では**学長***が**教学***における最終的な意思決定者として位置づけられていますが、学生の入学や卒業などの重要事項は教授会での事前の審議をもとに学長が決定することになっています。

一方で、大学には明文化されていない暗黙の了解もあります。大学には長い伝統があり特有の文化があるからです。そのため、必ずしも制度や法令の文言の通りに運営されない場合もあります。歴史的経緯から、学校教育法において規定されている以上の権限を実質的に教授会に付与している大学もあります。大学の特徴を正しく把握するには、明文化された制度や法令だけでなく、明文化されていない伝統や文化も含めて理解する必要があるのです。

2　大学の特徴を理解する

(1)　高等教育機関である

　大学は高等教育機関です。国際的に小学校以降の学校教育は、初等教育、中等教育、**高等教育***の3段階に分けられます。日本では小学校が初等教育、中学校や高等学校が中等教育です。

　高等教育は、中等教育に続く段階の教育であり、原則として高等学校の卒業を入学資格にしています。日本では、大学、**大学院***、短期大学、高等専門学校の4年生以上、専修学校において高等学校卒業者を対象とする専門課程、文部科学省所管外の省庁大学校などが高等教育に含まれます。

(2)　継承される伝統や文化がある

　今日の大学のルーツは中世ヨーロッパにあります。大学の起源についてはさまざまな議論がありますが、イタリアのボローニャ大学とフランスのパリ大学が初期の大学とされるのが一般的です。ボローニャ大学の前身の学校は、1088年に設立されたといわれています。現代において世界の大学を牽引するアメリカの大学は、ヨーロッパの大学よりも500年以上遅れて誕生しました。しかし、ハーバード大学の設立は1636年ですので、アメリカ合衆国が建国された1776年の100年以上前から存

在していたことになります。つまり、社会が大学を求め、大学が社会や国をつくってきたともいえるのです。

長い歴史の中で大学は変化してきましたが、中世の大学から継承している伝統もあります。たとえば、構成員の平等と合意形成を大事にする民主的な文化は、**ギルド**＊という組合として大学が誕生した時代から貫いてきた特徴といわれています（横尾 1999）。

(3) 社会の発展に寄与する

大学は何を目的とした機関でしょうか。**教育基本法**＊の第7条第1項では以下のように記されています。

> 大学は、学術の中心として、高い教養と専門的能力を培うとともに、深く真理を探究して新たな知見を創造し、これらの成果を広く社会に提供することにより、社会の発展に寄与するものとする。

大学は社会の発展に寄与することが期待されています。大学は誰のためにあるのかというと、所属する学生や教職員のためだけではなく、広く社会のためにあるのです。大学が果たす機能から考えると、ここでの社会という言葉は国内だけを指す言葉ではないと理解すべきでしょう。さらに、現在の社会のためだけでなく、次世代の社会のためにもあると考えるべきでしょう。

(4) 公的な財政的支援がある

大学を運営するには多額な費用が必要です。大学は社会の発展に寄与することが期待されているので、国や地方公共団体から財政的に支援されています。代表的な財政的支援は、国公立大学では**運営費交付金**＊であり、私立大学では**私立大学等経常費補助金**＊です。また、学生に対して直接援助する**奨学金**＊などもあります。これらの支援には国民の税金が投入されているため、大学には活動内容を社会に説明する責任があり

ます。

(5) 設立には認可が必要である

　新たに大学を設立するためには、文部科学大臣の認可が必要になります。**大学設置認可制度**＊があるからです。どのような組織でも簡単に大学になれるわけではありません。また、大学以外の教育機関が大学という名称を使用することは学校教育法において禁止されています。
　大学の設立に認可制度という参入障壁がある理由は、大学の質を保証する必要があるからです。質の低い大学ができれば、大学全体に対する世間の評価は落ちてしまうでしょう。たとえば海外にある金銭と引き換えに安易に**学位**＊を授与する機関は、**ディプロマミル**＊と呼ばれることもあります。
　社会的な需給バランスなどから、学問分野によっては、大学や学部・学科の新設を認めない場合もあります。たとえば医師を養成する学部や学科は、将来の医師の需給バランスに基づいて全体の定員が国で管理されています。

(6) 学位を授与する

　大学は学位を授与することができます。学位とは、一定の教育課程の修了者またはそれと同等の者に対して学術上の能力または研究業績に基づき授与される称号です。学位には、**学士**＊、**修士**＊、**博士**＊などがあります。学士、修士、博士という枠組みは世界の大学で共通化しつつあり、国を越えて学位を活用できるようになっています。現在では、同時に２つの機関から学位を取得する制度として、**ダブルディグリー**＊や**ジョイントディグリー**＊などがあります。
　日本において大学以外で学位を授与できるのは、大学改革支援・学位授与機構しかありません。防衛大学校や水産大学校などの省庁大学校は学校教育法に定める大学ではないため、大学改革支援・学位授与機構による外部審査を経て学生に学位が授与されます。

　学位を授与できることは大学ならではの特権であり存在意義であるといえます。学位は広く社会で活用できるので、修了者の質を保証する学位を授与するにあたり、大学は大きな責任を負っていることを自覚する必要があるでしょう。

(7) 自治が認められている

　大学の活動は**学問の自由**＊に基づいています。大学における学問活動が自由に行われるためには、大学自らが大学を運営することが必要不可欠であると考えられています。そのことを**大学の自治**＊と呼びます。

　誰を教員として採用するのか、誰を学長や学部長に選ぶのか、**カリキュラム**＊をどのように編成するのか、どの学生に学位を授与するのかなどといった運営における重要事項は、その大学の構成員が決定するべきであり、学外の権力者の圧力にしたがう必要はありません。2006年に改正された教育基本法においても、「大学については、自主性、自律性その他の大学における教育及び研究の特性が尊重されなければならない」と規定されています。

3 大学と環境の関係を理解する

(1) 国と市場という環境

　大学には自治が認められていますが、大学を取り巻く環境を無視することはできません。大学は環境の中に存在しているからです。環境の中で重要になるのが国と市場です。

　国は大学のあり方に影響を与えます。大学は公共性が高いため、国は期待する大学像をもっています。それらは各種法令や政策文書によって表されます。たとえば、大学へ進学したいと考える者の権利を保障することは日本国憲法第26条や教育基本法第4条で示されています。そのため、障害のある者や経済的な理由で修学が困難な者に対する支援は国の重要な指針であり、国が大学に期待する姿といえるでしょう。また、大学教育の質を保証するために、設置認可や**認証評価***などの制度を構築したり、学校教育法や**大学設置基準***を改正したりすることによって、国の政策を大学に浸透させることができます。さらに、国は政策にそった財政支出をすることで大学のあり方に影響を与えることができます。

　市場も大学の運営に影響を与えます。その大学で学びたいという受験者がいなくなれば、大学は存在することができません。同様に、ある学部の卒業生は社会で必要がないと市場が判断すれば、その学部の存在意義もなくなるでしょう。大学は市場の動向に無関係に運営することはできないのです。

(2) 国、市場、大学の関係から理解する

　大学のあり方には国、市場、大学という3者が影響すると考えると、大学をよりよく理解することができます（クラーク 1994）。具体的に、大学の制度、運営、財政基盤、歴史などを理解する際にも、3者の関係は重要な視点を与えてくれます。

たとえば、大学の歴史について考えてみましょう。現在の大学のあり方に影響を与えた出来事を尋ねると、多くの大学職員は**大学設置基準の大綱化***、認証評価の開始、各種審議会答申などを思い浮かべるようです。それらの法令の制定・改正や政策文書の公開などは、大学のあり方に影響を与えた国の歴史といえるでしょう。大学の歴史は、18歳人口の低下、インターネットの普及、**大学ランキング***の刊行といった大学のあり方に影響を与えた市場の歴史も含めることができます。さらに、**アドミッション・オフィス入試***の導入や**ラーニング・コモンズ***の設置といった大学自身が築いてきた歴史もあります。国、市場、大学の3者の関係でとらえることで、大学の歴史も深く理解することができるでしょう。

　国、市場、大学の3者は相互に影響を及ぼし合っています。実際、市場の調査を踏まえて国の政策は立案されますし、大学の優れた取り組みが新たな市場を形成したり、国の政策に反映されたりすることもあります。

(3) 日本の大学の特徴を理解する

　国、市場、大学の関係性は国によって異なります。図1-1は、国、市場、大学の関係を国別に示したものです（クラーク 1994）。1980年代につくられたモデルなのでやや古いものになりますが、その当時の国ごとの大学の位置づけを表しています。国の影響力の強い旧ソ連、市場の影響力の強いアメリカ、大学の影響力の強いイタリアなどが示されています。当時の日本の大学は、大学と市場の影響力が強いことが示されていました。

　国、市場、大学の関係は時代によって変化していきます。現在の日本の大学と1980年代の日本の大学を比較すると、大学設置基準の大綱化、**国立大学の法人化***、認証評価制度の開始、18歳人口の減少、**産学連携***の推進など、それらの関係性を変えるさまざまな出来事がありました。

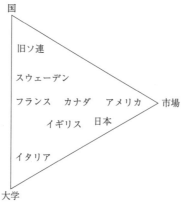

図 1-1　国、市場、大学の関係の国際比較
出所　クラーク（1994）、p. 161 より筆者作成

　国、市場、大学の関係は日本の大学の中でも違いがあります。国公立大学は私立大学に比べて国の影響を受けやすく、私立大学は国公立大学と比較すると市場に影響されやすいでしょう。また、伝統的な大学ほど大学の自治が強いという傾向もみられます。国、市場、大学の関係を知ることは、個々の大学の特徴をとらえるのにも役立つでしょう。

4　大学の発展段階を理解する

(1)　量が意味を変える

　所有する人が増えると、所有する意味に影響を与えることはよく知られています。わかりやすい例として、携帯電話の普及についてとりあげてみましょう。1980 年代に携帯電話を所有することはごく少数の富裕層などの特権でした。その後 1990 年代中頃に入ると、携帯電話は大量生産され価格が低下し、所有しようと思えばだれでも購入できるようになりました。さらに 2000 年代になると、携帯電話を所有することはもはやあたりまえになり、所有する義務感さえ生じるようになりました。

このように携帯電話の量的な普及が、携帯電話を所有する意味を変化させたのです。

大学の進学についても携帯電話と同じように考えることができます。大学進学率の上昇が、大学進学のもつ意味に及ぼす変化を明らかにした研究があります（トロウ 1976）。大学の進学率が 15％ までを**エリート段階**＊、15％ から 50％ までの間を**マス段階**＊、50％ 以上を**ユニバーサル段階**＊と呼び、それぞれの段階で大学に進学する意味に違いがあることを示しました。

(2) 大学進学の意味が変わる

エリート段階では、大学に進学できる者は少数です。大学に進学することは、家柄や才能のある一部の少数者の特権でした。マス段階では、大学進学は一定の資格を備えた者に許された権利になり、進学率も上昇します。そしてユニバーサル段階では、高度な専門性を必要とする職業に就く機会が大学院修了者を含む大学卒業者に限られるようになります。大学進学は一種の義務とみなされる場合もあります。

日本では、大学と短期大学を合わせた進学率をもとに、1960 年代前半までをエリート段階、そこから 2005 年頃までをマス段階、その後をユニバーサル段階とすることができます。このエリート段階、マス段階、ユニバーサル段階からなる 3 段階の枠組みは理解しやすく、大学に関する政策文書などにおいてもよく使用されます。

「私の学生時代と比べて最近の学生は学びたいという意欲が足りない」と教職員が批判するのを耳にしたことはないでしょうか。それは、マス段階からユニバーサル段階にかけて大学進学の意味が変わったことに無自覚になっているからかもしれません。

(3) 大学のあり方も変わる

エリート段階、マス段階、ユニバーサル段階によって変わるのは大学進学の意味だけではありません。1970 年代につくられたモデルでは、

表 1-1　高等教育制度の3段階

高等教育制度の段階	エリート段階	マス段階	ユニバーサル段階
全体規模（進学率）	15％未満	15％〜50％未満	50％以上
高等教育の機会	少数者の特権	相対的多数者の権利	万人の義務
大学進学の要件	家柄や才能	一定の制度化された資格	個人の選択意思
高等教育の目的	人間形成・社会化	知識・技能の伝達	新しく広い経験の提供
高等教育機関の特色	同質性	多様性	極度の多様性
大学の管理者	アマチュア大学人の兼任	専任化した大学人と巨大な官僚スタッフ	管理専門職

出所　トロウ（1976）より筆者修正

表 1-1 のように大学進学の要件、高等教育の目的、高等教育機関の特色、大学の管理者なども段階によって変化することがわかります。日本の大学がエリート段階、マス段階、ユニバーサル段階に移行してきた過程における変化をある程度は説明しているモデルといえるでしょう。

　また、ユニバーサル段階の大学のあり方を考える際には、日本より進学率の高いアメリカ、オーストラリア、韓国などの大学の対応状況も参考になるでしょう。

第2章 大学を取り巻く環境

1 環境を把握する意義を理解する

(1) 大学は社会を映す鏡

　大学は社会を映す鏡、未来を覗く窓である、とよくいわれます。歴史的に見ても、大学は社会の動きに応じて変容してきました。また、大学が社会の変容を導いてもきました。

　現代の大学を取り巻く環境を見わたせば、グローバル化の進展、少子高齢化、産業構造と労働市場の変化、地域コミュニティの衰退といった課題が横たわっています。これらの課題は大学にどのような影響を及ぼすのでしょうか。社会は課題解決に向けて大学に何を求めているのでしょうか。大学運営に携わる職員は、これらに無関心であることはできません。

　大学は、社会を変革していく原動力であることを期待されています。教育機関としての公共性と**大学の社会的責任**＊を負う限り、社会の課題に積極的に関与し、未来を手繰り寄せるビジョンと方法を創出し、社会の発展に寄与する義務があるのです。

(2) 大学職員には広い視野が求められる

　大学の職員に必要な能力が変化していることについては、次のように事務員と職員に区別する指摘をみれば明らかです（寺﨑 2008）。

事務員とは、例えば来年度の予算案を作るとき「今年度を踏襲する費目はこれ、増額する費目はあれ」というように「上の方」の意向も聞きながら考えて、正確に準備できる人のことです。でも職員は違います。「この費目は5年間変わっていない。けれども学園の将来計画からいえば、これこれこういう費目を新設して将来計画の実現をサポートすべきです」と提案できる人です。

　このような事務員と職員の言葉の使い分けは一般的ではありませんし、事務自体は今後も職員に求められるでしょう。しかし、今後の大学職員の役割を考えると、効率的な定型業務の処理に専念するだけでなく、広い視野をもち大学の将来の方向性について積極的に提案できるようになることが期待されているのです。

　そのためには、大学組織・制度への深い認識、自校アイデンティティの確認と共有、高等教育政策への洞察、そして大学を取り巻く環境の把握が求められます。大学職員は現存する諸課題の解決に加え、将来想定される状況を予測し、大学の未来像を提案していく当事者としての姿勢をもたねばならないのです。

　次節からは、グローバル化、少子化などの事例をとりあげながら、環境の変化がもたらす課題について考えてみましょう。

2　環境の変化がもたらす諸課題を理解する

(1)　グローバル化は何を求めてくるのか

高等教育のグローバル化とは
　近年の環境の変化の1つに、グローバル化があります。グローバル化と国際化はどのように異なるのでしょうか。国際化は、各国の文化・政治の違いを相互に尊重しつつ、交流によって相互に有用な資源を取り込みあう活動であり、グローバル化は、ヒト・モノ・カネがボーダレスに

移動し、世界が一定の共通枠組みに統合される動きです。

　つまり、グローバル化は単なる国際的なつきあいのレベルをはるかに超えています。大学が国境を越えてボーダレスになるには、世界の大学間で国際通用性・国際競争力が否応なく試されます。相互の通用性・共通性の確立には、各国の大学で得た**学位**＊がほかの国でも問題なく通用するという質の保証や制度的統一、教育水準や内容が同等と判断できる枠組みが存在しなければならないからです。また世間で注目される世界的な**大学ランキング**＊も、共通の評価指標で測られます。

単位制度から国際通用性を考える
　国際金融アナリスト・経済学者の浜矩子氏が、リーマンショックに代表される世界の金融危機の病巣を語る講演で必ず強調する事柄があります。

> 「金融を英語で言うと何でしょうか？　ずばり"Credit"。つまり、金融とは信用です。人が人を信用して行う行為こそ金融の根本。にもかかわらず、傲慢な金融機関が債権の証券化により、信用を媒介とする金融行為を踏みにじった。恐慌の要因は常に信用にある」
> （2019年7月4日、本人発言確認済み）

　ひるがえって、大学教育において"Credit"とは何でしょう。それは授業科目の履修計算上の基準である「単位」にほかなりません。大学の単位は、"Unit"ではなく"Credit"です。目標とした学習成果を体得させ、世界で信用される単位とその集積である学位を授与しなければ、**教育の質保証**＊は崩壊します。

　グローバル化社会では、授業回数や学習時間の担保不足は、日本の大学卒業者の学位、ひいては能力水準への不信を招きます。そのため、学習時間を担保できるように、登録単位数に制限を設ける**キャップ制**＊の導入が叫ばれるのです。

修業年限の統一や、学年暦のあり方、質保証の方法、**チューニング***など、比較と評価を可能にする枠組みや方法が何度も議論されるのにはこうした理由があるのです。

共通性を測るための道具

北米の大学で主流の**科目ナンバリング***制度は、授業科目に適切な番号を付し分類することで、学習の段階や順序を表し、教育課程の体系性を明示する仕組みです。海外大学との単位互換の円滑化を期待して、日本の大学においても導入に向けた動きが生じています。

一般的には学問分野名＋3桁の科目番号で示され、科目番号の先頭の数字は難易度を表します。100番台は1年次生向け入門科目、200番台は2年次生向け中級科目、300番台と400番台は3・4年次生向けの上級科目といった具合です。

たとえば、国内の学生が留学先の大学で科目を履修する際、科目ナンバリングは自学の設置科目との単位互換が可能な科目の内容・難易度を測る目安にできます。また、留学生が本国に帰国して、日本国内の大学で履修した科目の**単位認定***を受ける場合の参照情報ともなります。大学側は、重複科目の点検に利用するなど、カリキュラムマネジメントの道具として科目ナンバリングを活用できます。

大学間における履修科目の認定、成績評価、学習成果の評価方法も含め、教育の質保証に重要な調整作業や整合作業をアーティキュレーションと呼びます。科目ナンバリングという授業科目を比較考量する道具があってはじめて、大学間での共通部分と相異する部分の理解が可能になります。

しかしながら日本においては、海外大学との授業科目単位数の違い、1単位あたりの学習時間数の違いなどから、相手大学のシラバス・配当時間数などを参考に判断しているのが現状であり、いまだ効果的な比較・変換ツールとなるにはいたっておらず、今後の整備が待たれます。

> **コラム　科目ナンバリング表の使われ方**
>
> 　あるとき、アメリカの大学で、日本人留学生にインタビューを行う機会を得ました。国内著名大学からの留学生でしたが、科目ナンバリングが自校に存在しないため、科目履修で苦労していました。留学先で特定の科目を履修登録するためには、前提となる下位グレード科目の既修が必須でした。教務課からは、登録したいのなら、下位グレードの科目を日本で修得したことを所属大学の科目ナンバリング表で示すよう指示されました。ところが、科目ナンバリング自体を知らないので、伝える方途がなかったというのです。
>
> 　また、他国からの留学生たちが寮内のコモンルームで試験対策の情報交換を行う場でのことです。「ECON200 はテキストの〇〇部分を押さえるべき」、「MATH100 は先輩に昨年の解き方を確認すべし」と科目名ではなく科目ナンバーでの会話が飛び交っていました。自分を疎外し会話への参加を拒むための符丁を使っているのかと疑っていたそうです。科目ナンバリングの導入・整備が遅れていた当時の日本の大学が、いかに学生にとって不利な状況を招いているのかを示すよい事例といえるでしょう。

(2)　18歳人口の減少は何をもたらすか

受験生が大学を選ぶ時代

　グローバル化を迫られる一方で、少子化が進む国内の状況に目を移してみましょう。18 歳人口は、2005 年の 137 万人が 2015 年には 120 万人、今後の人口推計では、2030 年代には 100 万人を切ると予測されています。高校を卒業して社会経験をもたずに進学する学生を**伝統的学生**＊と呼びますが、入学生の大半を伝統的学生で占める日本の大学はますます厳しい環境に置かれることになります。

　学生の**納付金**＊に対する依存率が高い私立大学の一部は、すでに経営面で深刻な苦境に陥っています。国立大学法人に対する**運営費交付金**＊は全体として減額の方向にあります。現段階で、単年度の事業活動収支が赤字の**学校法人**＊は全体の約 40% といわれています。経営維持のためには、従来よりも多様な学生を受け入れ、定員充足を図る必要があり

ます。一部の大学を除けば入学は容易になり、入学者の選抜機能は失われつつあるのです。大学が学生を選ぶ時代は終わり、学生が大学を選ぶ時代が始まっているといえるでしょう。

多様な入学者への対応政策

多様な能力・多様な背景をもつ入学者に対し、従来の一律の教育内容・方法を踏襲していては、実質的な教育効果は期待できません。このため、**リメディアル教育***、**入学前教育***、**初年次教育***を含む高大接続改革のあり方が議論されました。そして、入学後の学習効果を高め、教育課程で設定された学習目標を達成するために、**アクティブラーニング***を効果的に導入する教育が期待されています。

並行して、入試方法の改革も進められています。大学進学率が50％を超える**ユニバーサル段階***にいたっては、多様な資質と目的をもった受験生に対して、単純な一斉入試による選抜は見直しが必要でしょう。2020年に向けた「大学入学共通テスト」に代表される多様な視点からの大学入試改革、**アドミッション・オフィス入試***や推薦入学へ傾斜する動きもこの文脈で理解できます。受験生の多様化に対応して、各大学の**アドミッション・ポリシー***の明示が求められるのも同様の理由からです。

輪切りの偏差値で入学者を決定していた時代から、大学が受け入れた入学者が卒業・修了時にどのような能力を獲得したかを重視する時代に移行しつつあるわけです。教育重視の「実力養成型」大学へ脱皮しようとする潮流の中で、**ディプロマ・ポリシー***、**カリキュラム・ポリシー***、アドミッション・ポリシーの実質化が議論されているのです。

(3) 労働市場・産業構造が転換する

汎用的能力への注目

労働市場と産業構造の変化により、大学における教育方法の改善が強く求められています。科学技術の進展により、学生が学んだ特定分野の

知識・技能が役に立たなくなるまでの期間は短くなっており、大学で学んだ専門分野の知識と仕事内容との関係が希薄化していくことは予想に難くありません。

すでに、大学を卒業して定年まで同じ企業や団体で働き続ける状況は崩れつつあり、労働市場は急速に流動化に向かっています。終身雇用・年功序列制度、企業内教育の中で、職業人生を全うできる時代は終わりを告げようとしており、生涯にわたって学び続けねばならない時代となりました。

その結果、大学で身につけるべき資質・能力は、特定専門分野の知識や技能よりも、どのような職種や就職先でも共通して求められる能力や、「学び方を学ぶ」ことで得られる生涯学習力を重視すべきとの主張が現れました。昨今、**汎用的能力**＊が注目を浴びており、労働市場はその能力育成について、大学が社会や産業界と連携して行うことを期待するようになっています。

高付加価値型の産業構造へ

21世紀のグローバル競争環境のもとでは、海外駐在や外国人労働者の増加により、異なった文化や価値観を背景とする多様な人々と協働する資質・能力を有すること、そして、新しいアイデアや知識の生産に焦点をおく価値創造型の産業を支える人材が求められます。

従来の産業社会では、工場・機械などの資本が基盤となっていましたが、ICTの普及と進展は、**知識基盤社会**＊をもたらしました。AI（人工知能）やIoT（Internet of Things）に象徴される技術革新は、製造業の減少、サービス業の増加を呼び、高付加価値型サービス産業への移行を導きます。

知識基盤社会では、知識や情報が企業や国の競争力の源泉です。社会で必要とされるのは、知識生産を牽引できる資質と能力をもった人です。単に「何かを知っている」という知識の多寡だけでなく、「知っていることで何ができるか」というコンピテンシー（実現能力・行動特性）が

重視されるのです。

アクティブラーニングが鍵となる

　知識基盤社会で生き抜くためには、いったん獲得すれば異なった領域へ転移可能な能力を獲得することが必要です。それはどうすれば獲得できるのでしょうか。そのために求められる処方箋の1つが、アクティブラーニング型教育の取り込みです。

　転移可能な能力、汎用的能力は、実際にそれらを活用する経験を蓄積しない限り、容易に獲得できません。応用可能な実践知は、具体的な文脈を通して体得され、学習効果を生むのです。学生が主体的に学習に関与する教育プログラム、つまりアクティブラーニング型教育の開発・導入が盛んに議論される底流には、こうした考え方があります。

　アクティブラーニングには、ディスカッション、ディベート、グループワークなどの学習方法が含まれます。協同作業や議論を行う中で、当然、参加者間の葛藤や軋轢が生じます。その解決と合意形成の過程を通じて、新たな価値を創出する能力を鍛える教育プログラムが期待されるのです。すでに大学は、留学生も含めた多様な学生を受け入れており、さまざまな背景と価値観をもった人間が交わり、ぶつかりあい、相互に切磋琢磨する教育環境が築かれつつあります。

　しかし一方で、アクティブラーニング型授業の開発や学習成果の評価には、大学教員側に従来の教授法の転換、つまりFD*の進展を強いることになります。また、教育や学習の効果を高める物理的な学習環境の整備も焦眉の課題となります。

(4) 大学の地域貢献が期待されている

大都市圏の大学入学定員問題

　2017年度には、「大規模私大の定員増　規制前に駆け込み申請」「東京23区私大　定員増不可」といった見出しで大都市圏の大学入学者の定員超過問題が新聞紙上を賑わせていました。国としては、大都市圏に

集中する私立大学生を地方に分散させたい、定員を超過して受け入れた私立大学に対して、国からの私学助成金をカットする政策方針を出せば、一極集中も是正できるだろうという考えです。この動きは、地方創生という課題において、大学が担う役割への期待と深く結びついています。

大都市圏での相次ぐ入学定員抑制の動きは、地方創生政策との関係で生じた現象といえます。政府方針として、「まち・ひと・しごと創生基本方針2017」（閣議決定）で東京一極集中の是正と地方創生に資する大学改革が謳われています。

地方大学の活性化と地方創生が目指されている

大学に地域貢献が期待される背景には、地方の荒廃・疲弊があります。地方再生のために大学を「知」と「地」の拠点とし、地方創生に貢献させたい政府の意図があるのです。

新しい「ひと」の流れをつくり、地方大学の教育研究活動を活性化させ、地域発のイノベーションを創出したい、特に地域産業とそれを担う人材育成を行いたい。それには、まず学生を地方に分散させる必要があるというわけです。大都市圏の大学への学生集中を是正し、地方に分散させることも地方創生の1つの方策なのです。

特に地方の私立大学では定員割れが常態化しており、入学者の確保は大学の経営に直結する死活問題となっています。経営難の私立大学が公立大学に衣替えし、地方交付税交付金で救済される事例も存在します。これと歩調を合わせるかのように、国立大学法人の基盤経費である運営

費交付金は減少傾向が続き、予算の配分にも変化が生じています。文部科学省は、国立大学を「地域貢献型」「専門分野型」「世界トップ型」ごとに重点的に支援をする政策を打ち出しました。とりわけ、地域のニーズに応える人材育成・研究を推進する「地域貢献型」大学の取り組みは、地方創生政策の1つと位置づけられます。地域活性化に貢献する国立大学への期待が重なって、最近では、新学部の設置や学部再編が多く行われており、「地域デザイン科学部」「国際地域学部」「社会共創学部」「地域資源創成学部」などの学際的な学部も生まれました。

　すでに地方の大学が地方公共団体、企業、NPOや民間団体と連携して、地域産業を担う人材育成を強化する文部科学省「地（知）の拠点大学による地方創生推進事業（COC＋）」も展開されてきました。大学と地域の資源を用い、高付加価値を伴った地方創生活動の進化が期待されているのです。

(5) 専門職大学が設置される

職業教育に特化した大学とは何か

　職業教育に特化する大学構想が実現しました。**中央教育審議会**＊は2016年5月に実践的な職業教育機関として、専門職大学・専門職短期大学の創設を答申しました。「個人の能力と可能性を開花させ、全員参加による課題解決社会を実現するための教育の多様化と質保証の在り方について」（答申）の第1部「社会・経済の変化に伴う人材需要に即応した質の高い専門職業人養成のための新たな高等教育機関の制度化について」において、具体的な提案がなされています。

　専門職大学・専門職短期大学は、生涯学習の可能性拡大、社会貢献・地域の問題解決と連動して構想されたものであり、情報、農業、観光などの分野において、「理論に裏付けられた高度な実践力を強みとして、専門業務を牽引できる人材」、「変化に対応して、新たなモノやサービスを創り出すことができる人材」の育成を目的としています。これは、大学における実践的な職業教育に重点をおいた仕組みとして制度化するも

のであり、産業界との密接な連携により専門職業人材の養成強化を図り、大学進学の新しいルートを創出するものといえます。

2017年度には専門職大学・専門職短期大学の設置基準を含む政省令なども整備され、2019年度の開設に向けては、17の学校法人から大学・短期大学設置認可申請がありました。

専門職大学・専門職短期大学の特徴を知る

国際通用性のある学位を授与する専門職大学・専門職短期大学とは、どのような特徴をもつのでしょうか。制度としては、4年制と短大相当の2、3年制があり、大学体系に位置づけるため卒業者には「**学士***（専門職）」「短期大学士（専門職）」の学位が授与されます。教育課程の編成・実施においては、産業界および地域社会との密接な連携のために「教育課程連絡協議会」の設置が義務づけられています。また、授業は、原則40人以下で行われ、卒業・修了要件として実習などによる授業科目について一定単位数の修得を必要とし、それらの科目には企業などでの「臨地実務実習」を一定単位数含まなければなりません。さらに教員組織については、必要専任教員数のおおむね4割以上を実務家教員とし、必要専任実務家教員の2分の1以上は研究能力を併せもつ実務家教員とすることなどがあげられます。

構想背景にある社会的文脈を理解する

教育再生実行会議第5次提言で「実践的な職業教育を行う高等教育機関」の制度化が提言され、先に言及した中央教育審議会の答申につながりました。そこには長年議論の続いた専修学校・各種学校問題の整理、財界や政治家の大学改革に対する焦燥感や危機感があるようです。

産業界のニーズに呼応して職業教育を重視し、大学制度の体系に取り込むことで、従来の大学制度全体に揺さぶりをかけ、改革の加速化を狙っていることは間違いありません。歴史的に見れば、そもそも大学は中世の頃から聖職者、法律家、医者といった職業人を育成し、**専門職***

を輩出することを目的に存在してきたのです。

　2019年度段階では2大学1短期大学の設置にとどまりましたが、この動きは既存の大学・短期大学の学位プログラムのあり方にも跳ね返ってくるでしょう。専門職大学・専門職短期大学の学位プログラムを中心とした質保証と評価制度は、従来の学部・学科制の教育組織の再編にも影響を及ぼすかもしれません。2005年の中央教育審議会の「我が国の高等教育の将来像（答申）」で提唱された大学の機能別分化の議論とも連動して、既存の大学の再編を促す可能性もあるのです。

3　未来の環境を先取りして考える

(1)　経営につながる未来

　大学の環境の現状と課題を把握するだけでなく、環境の未来を先取りして大学のあり方まで考えることが重要です。経営面で卑近な事例をあげてみましょう。近畿地区に位置する筆者が所属する大学では、随分前に20年後の本学を予測する議論を行う機会がありました。若手職員は現在の延長線上に未来を考えてしまう傾向があります。しかしその時点で、すでに計画されていた北陸新幹線開通という社会的な交通インフラ整備と受験生市場に注目すれば、開通時の受験生地図の塗り替え、関東圏の大学との競争を予測して事前に戦略を練ることも可能だったはずです。

　未来は、現在がそのまま延長されたものではありません。大学職員は、10年後、20年後、30年後に、自分が、自学が、また大学界がおかれるであろう環境を常に予測し、経営の将来を見すえることが大切です。

(2)　社会変革につながる未来

　グローバル化は**高等教育***の国際的な通用性・共通性を求めてきます。また少子高齢化は、多様な資質・ニーズをもった学生の受け入れや、生

涯学習の需要の高まりをもたらします。さらに、AI、ロボット、IoT、ビッグデータ活用などの新技術を取り入れた社会構造・産業構造の急激な転換は、地方創生や労働生産性の向上も視野に入れた人材育成を迫ってきます。

2018年の中央教育審議会「2040年に向けた高等教育のグランドデザイン（答申）」においても、こうした観点から高等教育の未来を展望しています。社会の多様性に呼応した人材養成の複線化とその制度的な柔軟性の担保を考える動きは、既存の大学に対して大学教育とは何か、学位プログラムとは何なのかという根源的な問いを投げかけてきます。それ以上に、大学教育とそれ以外の教育を隔てる境界線はどこか、大学とはどうあるべきかを改めて大学教職員1人ひとりに再考を迫ってくるのです。

知識基盤社会の到来により学びの方途は多様性を増しています。未来においても、大学のみが学位授与権を保持するという、ある種の特権的地位が意味をもち続けられる保証はどこにもありません。もっとふみ込んでいえば、大学や学位が未来の社会において、どれほどの意味と価値をもつのかもわからないのです。

大学職員は、組織の構成員や**ステークホルダー**＊と協力して議論を重ね、「未来の大学」あるいは「大学の未来」を常に意識し、社会変革を導く高等教育の未完のプロジェクトに参画・関与できるよう、その成長を期待されていることを忘れずにいたいものです。

第3章 大学の歴史と伝統

1 歴史を学ぶ意義を理解する

(1) 大学の歴史を学ぶ意味

　今日の大学の制度や文化は、大学の歴史を知ることによってより深く理解できます。大学の歴史を学ぶことは、大学が社会の中に存在していることを改めて認識させてくれるでしょう。同時に、それぞれの大学で抱えている問題や課題の意味を深く理解することにもつながるでしょう。法令や制度の知識だけでは、今日の大学の仕組みを十分に知ることはできません。

　大学の制度や文化は、一朝一夕に出来上がったものではありません。今日の大学が抱える課題を理解するためには、大学の歴史、転換点となった出来事やその時代背景をひもといてみることが必要でしょう。

(2) 歴史を学び成長する

　現在の大学は多くの課題を抱えています。そこで働く大学職員も同様に、個々の職場で課題に直面しています。それらの課題には経緯や背景があり、多くは早期の解決が難しいのではないでしょうか。逆に、なぜ先人は同じようなことで苦心していたのか、そもそも課題と感じていたものは実は別の問題ではなかったのかなど、多様な観点から物事をとらえると、腑に落ちることも多いと思います。大学の歴史を学ぶことは、その多様な観点の1つを獲得することにつながります。ひいては、課題

を発見し、解決能力の高い大学職員として成長することにつながるのです。

2　大学の起源と発展を理解する

(1)　大学は中世ヨーロッパで誕生した

　大学の始まりを確定させることは簡単ではありません。それは、大学とは何かという定義が難しいからです。しかし、一般的に大学の起源は、中世のヨーロッパにあるとされています。

　古代ギリシアや中世のイスラム世界にも高度な教育機関が存在しました。しかし、「ユニバーシティ」という名の教育機関が成立したのは、12～13世紀のヨーロッパです。University はラテン語の Universitas（組合）に由来し、unum（1つ）と verto（方向）が結びついてできた言葉です。つまり、「1つの目的に向かう共同体」、そこから「学生と教師の共同体」、そして「大学」を意味するようになりました。初期の大学として、学生組合として出発したボローニャ大学や教員組合として出発したパリ大学が有名です。それらの大学は国家によって設立されたものではありません。共同体として構成員自らがつくったのです。

　中世ヨーロッパの大学には、神学部、法学部、医学部の上級3学部に加え、哲学部（学芸学部）がありました。上級3学部では、それぞれ、聖職者、法律家、医者を養成します。一方、哲学部では、基礎的な学問の習得を目的として、文法学、修辞学、論理学、算術、幾何学、天文学、音楽から構成される**リベラルアーツ***の起源となる自由七科がおかれました。自由七科の自由とは、労働と対比する用語であり、職業のための技術とは異なり、実用と離れた学問を指しています。

　中世の大学や学問の世界の特徴として、キリスト教の影響と共通語としてのラテン語の使用があります。当時の大学は、教会と対立することもありましたが、キリスト教の学問観の中で教育を行っていました。ま

図 3-1　1350 年頃のボローニャ大学での授業風景を描いた写本挿絵
出所　the free media repository

た、知識階級には、共通言語であるラテン語が存在したため、国を越えて出版活動を行うことができました。

　中世に誕生した大学は、近代初期にいたるまでその性格に大きな変化はありませんでした。コペルニクスやガリレオも大学で学びましたが、大学を通して研究や出版活動を行ったのではありません。当時の大学は、教育と研究の両方を行う機関ではなく教育を行う機関でした。

(2)　近代のドイツで再生した

　18 世紀頃、大学の活動は停滞した状態にありました。今日では世界有数の大学であるオックスフォード大学やケンブリッジ大学でも、科目は固定化し、試験は形骸化し、大学教員の質や学生のモラルは低下していました（横尾 1999）。

　大学が中世の伝統を維持する一方、大学を取り巻く環境は、大きな変化を遂げていきます。産業と科学が発展し、市民社会が成立したのです。特に、18 世紀にはフランスの啓蒙主義に代表される合理主義、世俗主義が進展し、19 世紀には「職業としての科学」が成立します。このような社会の変化に対応するため、伝統を保持する既存の大学とは別に、

国家による高等教育機関が設立されていきます。

　フランス革命後のフランスでは、近代化、産業化を強力に推し進めるために、エコール・ポリテクニーク（1784年設立）に代表される技術者養成機関が政府主導で設置されました。ドイツでも、19世紀以降に高等工業学校（Technische Hochschule）が各地に設立されています。

　ようやく1810年に、近代の大学の始まりを象徴する**ベルリン大学**＊が設立されます。その後、研究を活動の中心にした大学が次々に誕生し、大学の近代化が進んだのです。それらの新しい理念の大学や高等教育機関では、教育内容にも革新がありました。ドイツのギーセン大学のリービヒは、化学実験室の中で学生に研究の方法を身につけさせる教育を行いました。こうした学生実験やゼミナールによる教育手法は、留学生を通じてドイツ以外の欧米各地の大学にも広まることになりました。

　このように、19世紀に大学や高等教育機関が大きな変貌を遂げた背景には、科学者という職業が一定の社会集団として認知され、学問分野ごとに**学会**＊が立ち上がり、そのコミュニティで論文誌が編纂されるなどの**科学の制度化**＊の進展がありました。そこで、新しい教育機関は、科学の制度化の一環として、社会に必要とされる人材の育成を担うことになったのです。

　この時代、学問はキリスト教の束縛を離れ、分化し、現在でも自然科

学としてイメージされる物理学、化学、生物学、地学のほか、社会学や心理学などの新しい学問分野が成立しました。科学の制度化が進み、それぞれの学問が研究領域を獲得しようとしていたまさにこの時代に、日本は大学の制度や学問領域を輸入することになりました。

(3) アメリカで制度が発展した

　現在では、アメリカの大学は、世界の高等教育機関を牽引する存在です。しかし、当初からそのような地位にあったわけではありません。19世紀のアメリカの大学は、ヨーロッパ、特にドイツの大学に多くの留学生を送り出す存在でした。

　19世紀以前のアメリカの大学の基本的な目的は人格形成にありましたが、19世紀後半に現在の大学の原型となるような大学改革が起こりました。

　ハーバード大学のエリオット学長による改革は、その後の多くの大学に影響を与えました。彼の行った改革には、それまでほぼ必修科目で占められていた**カリキュラム**＊を自由選択制にして、学生の学習意欲を高めたり、新たな学問分野を科目に取り入れたりしたことなどがあげられます。科目の自由選択制は、**単位制度**＊が始まる契機になりました。

　ジョンズ・ホプキンス大学は、本格的な**大学院**＊を設置し、それまでのアメリカにはなかった研究を主体とする大学となりました。このときに生まれた大学院という制度は、今日では世界の大学に広まっています。

　1860年代には、**モリル法**＊が施行され、農学や工学などの実学を主体とする高等教育機関が設立されました。それが今日の州立大学の原型になっています。また、ウィスコンシン大学では、立法・行政のためのシンクタンクのような機能を充実させ、地域社会へのサービス機関として役立てようとしました（潮木 1993）。

　このようなアメリカの大学の機能の多様化や学問の細分化が進む動きに対抗し、市民の育成を目的とした**一般教育**＊（general education）が誕生したのも19世紀後半のことです。

大学のシステムは、現在も世界中で発展し続けています。その多くのシステムの直接の起源は、アメリカの大学にあることが多く、今日も世界の大学改革を先導しているのです。

3 日本の大学の発展を理解する

(1) 日本で最初の大学

日本で最初の大学は東京大学です。近代的な国家建設をめざしていた明治政府にとって、高等教育機関の設置は重要な課題でした。1877年、当時の文部省は、東京開成学校と東京医学校を併せて東京大学としました。中世ヨーロッパの大学とは違い、国家が大学を設置したことで日本の大学の歴史が始まります。

当時は、東京大学以外にも工部省の工部大学校、司法省の法学校、農商務省の駒場農学校など、それぞれの省に必要な人材を養成する教育機関が併存していました。それらの教育機関を統合して成立したのが、1886年の**帝国大学***です。帝国大学の設置の経緯からもわかるように、その重要な目的は官僚の養成であり、特に法学に重きがおかれました。また、早い段階で工学や農学の応用科学を大学に取り入れたことも日本の大学の特徴の1つです。

帝国大学の設立に合わせ、主に帝国大学へ人材を送り出す高等学校（高等中学校）、また、商業、工業、医学といった専門人材を比較的短期で輩出する専門学校などの高等教育機関が整備され、初等・中等教育と合わせ、一貫した教育体系が完成しました。

日本の大学、特に帝国大学はドイツの大学をモデルにしたといわれています。当時、ドイツがもっとも進んだ大学のシステムをもっており、イギリスやアメリカからも多くの留学生が訪れていました。そこには、研究と教育の統合の理念や自由に選択できるカリキュラムがありました。かたや帝国大学は一方的な講義、学年制や成績順の座席など、実際には

制度も理念もドイツの大学とは異なるものでした。帝国大学創設に深くかかわった当時の文部大臣森有礼を中心に構想されたのは、まず国家としてドイツの**官僚制***を手本にし、大学にはその人材育成の機能をもたせようとしたことでした（中山 1978）。

帝国大学は、1897年の京都帝国大学の設置を機に東京帝国大学となり、その後、帝国大学は、東北、九州と順次整備されていきます。この間、日清戦争、日露戦争が起こっていますが、帝国大学の増設はそうした社会情勢の変化が深くかかわっています。

明治期の大学から、すでに学部（分科大学）や**講座制***などの今日における日本の大学の特徴をみてとることができます。また、戦前期の大学は、帝国大学を基準として設置することが求められ、以後に続く大学のモデルとなりました。

(2) 大学が日本各地に広がった

明治期、大学を規定する唯一の法令の帝国大学令（1886年）のもとでは、大学は4校に過ぎませんでした。大正期に入ると、国民の進学熱は高まり、第一次世界大戦による戦争景気を背景にした財政事情の好転もあり、原内閣によって高等教育拡張政策が実施されることになりました。

1918年の大学令により、帝国大学以外に単科大学の設置が認められ、また、官立（国立）だけではなく、公立、私立の大学の設置が可能になりました。それまで、大学を名乗っていた私立大学は、制度上はあくまで専門学校の扱いでした。

時期を同じくして、帝国大学の学部の拡充、有力専門学校の大学昇格、専門学校、高等学校の新設などが相次いで実施されました。大正期の**高等教育***の拡張は、その後に続く日本の高等教育の拡大の出発点でもあります。

明治期の大学の目的は、国家に必要な人材育成でしたが、大正期以降には進学希望者や産業界や地域などの社会の要請が踏まえられるようになりました。地元の熱心な誘致活動、土地や資金の提供などにより大学

をはじめとする高等教育機関を設置した事例もありました。

　もっとも、専門学校の（特に私立における）大学昇格の障壁は低いものではありませんでした。予科（高度な専門教育を受ける前提となる語学、専門基礎などの準備教育）の設置、教員の確保、そのための資金の獲得など、多くの課題を抱えていました。戦前期を通じて、学生数のうえでは、大学よりも専門学校のほうが大きな比重をしめていました。

　いずれにしても、戦後に新制大学として発展することになる大学の多くは、高等教育が拡大した大正期に直接の起源をもっており、旧制の大学、専門学校、高等学校などを起源にしています。

(3)　戦後の大改革が行われた

　戦後の大学改革の第一の特徴は、旧制の帝国大学、大学、高等学校、専門学校、師範学校などの多様な高等教育機関を4年制大学へと一元化したことです。これにより、小学校、中学校、高等学校、大学の6・3・3・4制の単線型の学校教育となり、戦前の複雑な進学形態とは決別します。旧制の高等教育機関が一斉に大学へ昇格したことにより、大学数は終戦時の48校から、新制大学発足時には180校に急増しました。

　新制大学への一元化は、それまでの複雑で、ともすれば差別的な構造をもつ高等教育機関を「民主化」することを狙ったものでした。しかし、規模、役割、文化が異なる旧制の高等教育機関を同一の4年制の大学にしたことで、同じ大学であってもその教育内容・水準、研究環境などは大きく異なるものとなりました。急増した国立大学に対しては、駅弁が売られている駅の町には大学があるという意味で**駅弁大学**＊と揶揄されることもありました。

　国立大学では、特定の地域を除き、県ごとに旧制の高等教育機関が統合されましたが、しばらくは、校舎などの施設は旧制の学校を引き継いだため、そのことが分散キャンパスの原因となり、今も多くがそのままの状態となっています。新制の国立大学は、形式上、どの大学も同等の立場であるものの、実際には、旧帝国大学、旧医科大学などは戦前の経

緯もあって、予算配分、教育研究環境、大学院の設置などにおいて優遇されました。

　戦後の大学改革の第二の特徴は、大学教育に一般教育を導入したことです。それまでの国家本位の教育から、個人の人格形成に重きがおかれました。旧制のシステムでは、高等学校や大学の予科において、高等普通教育が実施されており、大学は学部ごとに専門教育のみを実施していました。新制のシステムでは、大学の一元化のもと一般教育が導入され、結果的に、前期課程（教養部）で一般教育、後期課程（学部）で専門教育を実施する形態が定着しました。一般教育は、運営面では旧制の高等学校や師範学校の教員が担い、専門学部の教員との研究環境の格差の問題を残すことになりました。教育面では、入試を突破し専門学部に入学した直後に一般教育を受ける必要があり、その意義がわかりにくく、学生の学習への動機づけが難しいという課題を残しました。

　戦後はそのほかにも多くの大学改革が実施されました。私立大学に対しては国の関与が弱められ、大学の設置も比較的容易になりました。また、過渡期の措置として短期大学の設置が認められましたが、これは後に恒久的な制度として位置づけられました。

(4)　大学が紛争の舞台になった

　1968年、フランスの五月革命に代表されるように、アメリカや旧西ドイツなどの先進各国で学生運動の嵐が吹き荒れます。それに呼応して日本の大学でも学生運動が相次ぎました。

　戦後、特に高度経済成長期には、大学進学者数が急増します。国立大学では理工系の学部を中心に拡充が図られますが、実際に多くの学生を吸収したのは私立大学でした。進学者の増加の原因は、高校進学者の増加、経済成長による企業の大卒人材の需要の増加、世帯所得の増加、第一次ベビーブーム世代の大学進学期の重なりなどがあります。

　大学進学率の上昇は大学の大衆化をもたらしましたが、一方で大学教育の内容や管理運営体制は旧態依然のままでした。古い世代に属する大

学教員と大衆化した学生との意識のギャップに加え、ベトナム戦争、安保条約改定、公害問題などの当時噴出していた社会問題を背景に、権威の象徴としての大学そのものに対する不満に加えて、学費値上げなどの個々の大学の問題が絡み、**大学紛争***は全国に拡大しました。一部の学生が暴徒化し、大学は機能不全に陥るほどでした。

　大学紛争を契機に大学改革への機運は高まりますが、それでも大学が自主的にその体質を変えるにはいたりませんでした。そのことがさらに大学の権威を低下させ、政治レベル、社会レベルでの大学不信につながっていったのです。

　ここでアメリカに目を向けると、大学紛争以降、日本とは異なる動きがありました。大学の大衆化がいち早く進んでいたアメリカでは、**伝統的学生***とは異なるマイノリティ学生、成人学生、パートタイム学生などを受け入れるにあたって、教授法の改善や教材の整備、シラバスの効果的な書き方などの **FD***が、大学全体の政策課題として組織的に取り組まれることになりました。

(5) 拡張から抑制へ

　1970年代に入ると、大学は一定の落ち着きを取り戻します。しかし、大学紛争を境に、大学と政府との関係に変化が生じました。戦後、政府の大学への関与は、初等・中等教育へのそれとは異なり、限定的なもので、国公私立を通した全体的な大学政策は確立されていませんでした。

　しかし、教育制度を総合的に改革することを提言した、いわゆる四六答申と呼ばれた中央教育審議会による「今後における学校教育の総合的な拡充整備のための基本的施策について」の公表以降、その答申に示された個々の改革はすぐに実行されなかったものが多かったとはいえ、大学教育の質の維持を、政府による計画と財政支出を中心に行うという政策により、政府の大学への関与を強めた高等教育政策が実施されることになりました。

　1975年以降策定された**高等教育計画***では、大学の新設、増設を基

本的に抑制する方針が示され、特に大都市においては禁止されました。あわせて、工業等制限法において、首都圏や近畿圏の対象地域での大学の教室の新設、増設が制限されました。

　私立大学に関しては、基準を満たしている限りは大学の設置を文部省は認可することになります。そこで、1975年に成立した私立学校振興助成法により私立大学への公的助成を行う代わりに、私立学校法を改正し学生定員の変更を文部大臣の認可制にし、高等教育計画に実効性をもたせることにしました。

　また、1976年には専修学校の制度が整い、いわゆる専門学校が発足しました。大学と短期大学の規模が限定された一方、専門学校は高等教育計画の対象の外におかれたため、高校卒業者の進学先として規模を拡大していきました。

　大学の大衆化の進展と大学数と学生定員の抑制政策は、必然的に受験競争の激化を生み、入試改革の機運を高めました。その結果、国立大学協会と文部省が協議し、1979年度入学者から共通第一次学力試験が実施されることになったのです。

(6)　急激な変化への対応が求められる

　1980年代に入ると行財政改革が国の重要課題となり、大学もその影響を受けることになります。国立大学の整備も**私学助成***の拡充も困難になり、高等教育計画は行き詰まりをみせ始めます。

　中曽根内閣のもと、1984年に**臨時教育審議会***が設置され、その提言で大学審議会が置かれます。大学審議会は矢継ぎ早に答申を出し、その後に続く、**大学設置基準の大綱化***、大学の自己点検・評価の実施、大学院の拡充などにつながっていきます。また、FDの実施、シラバスの作成、厳格な成績評価など、大学の教育内容に関する改革も進められました。

　1990年代以降、大学進学率は再び上昇し、その後も順次、規制緩和が進み、2003年に量的な抑制政策が撤廃されると、2005年には大学・

> **コラム　四当五落**
>
> 　「四当五落」という受験用語をご存知でしょうか。4時間睡眠で受験勉強に励めば志望校に合格できるが、5時間も睡眠をとっていては不合格になるという意味です。4時間睡眠に意味があるかどうかは別にしても、受験競争が白熱していた時代を象徴する言葉です。大学の受験戦争は高校以下の教育にも悪影響を及ぼし、また受験を終えた大学生が入学後は燃え尽きて勉強しなくなるという問題も指摘されるようになりました。
> 　今日の視点では、受験競争の厳しさは、入学者の質、ひいては大学の質を保証していたと考えることもできます。この時期は、大学教育の内容が、問われることはありませんでした。本来ならば、大学の大衆化が進むにつれ、教育のスタイルを変化すべきでした。しかし、戦争とも地獄とも称される受験競争は、入学試験において学生の質を保証できるという過度の信仰を生み、大学教育の改善の期を遠ざけたといえるのかもしれません。

短期大学への進学率は50％を超えることになります。

　グローバルな**知識基盤社会**＊の到来を踏まえ、大学に求められる教育研究機能は複雑化、高度化する反面、大学は少子化や学生の多様化による不安定な要因を抱えています。また、企業などの人材育成機能が低下し、大学への期待はますます高まっています。世界に目を向けるとアジア各国の大学が**大学ランキング**＊でも上位に名を連ねるほど力をつけており、留学生の獲得競争も世界規模で起こっています。

　このような社会情勢を踏まえ、大学には組織運営を担う人材の育成がますます求められており、国立大学や公立大学の法人化をはじめとする組織の機能強化に加え、大学運営を担う**専門職**＊に対する期待も高まり、教学マネジメントの面でも改革の推進が図られています。

4　歴史の中の構成員を理解する

(1)　学生は大人として扱われた

　大学の歴史を学ぶためには、制度を中心とした歴史を知るだけでは十分でありません。大学には、学生、教員、そして職員などの構成員が存在します。ここでは、それぞれの構成員の歴史に焦点をあてます。

　大学の歴史は学生の歴史でもあります。大学の変化は学生に変化をもたらし、学生の変化は大学に変化をもたらします。現在の大学教員の中には、学生を放任しておくほうが学生にとって教育になるという考えをもつ人も少なくないでしょう。その考え方はその大学教員自身の学生時代の体験に基づいているのかもしれません。大学に進学する人が少数で、大学生というだけでエリートの自覚をもてた頃は、そのような考えでも十分通用したことでしょう。つまり、学生は大人として扱うべきという考えが支配的でした。

　日本では、大学進学率が1960年代以降急速に上昇します。1970年代には大学進学率は約30％となり受験競争は激しさを増すようになりました。大学への進学者が増加すると、もはや大学進学は特別なことではなくなり、学生の目的意識は低下し、大学は就職までの**モラトリアム***の時期を過ごす場所という考えも出現しました。1980年代の学生は、大学に入ると学習しないというイメージが定着し、大学のレジャーランド化と揶揄されました。

　1990年代半ば以降、18歳人口が急激に減少し、さらに今日にいたるまで減少傾向に歯止めがかかっていません。入学時点での学力の保証はますます難しくなってきました。一方で、大学に対する人材養成機能への期待は高まるばかりです。そこで、学習意欲を高め、学習成果が上がるように、**アクティブラーニング***や社会体験型の教育が重視されるようになりました。さらには、大学によるさまざまな学習支援策も打ち出

されています。

(2) 大学教員は変人ばかりだったのか

　昔ながらの教授とはどのようなイメージでしょう。夏目漱石が執筆した『三四郎』の広田先生のモデルとされる岩元禎、北杜夫が執筆した『どくとるマンボウ青春記』に登場する蛭川幸茂のような名物教授が今のキャンパスを歩いているでしょうか。

　牧歌的な感覚でいえば、大学教員は、個人の興味や関心に応じて研究活動を行っていると思われてきました。今日でもそれがまったくの間違いというわけではありません。

　しかし、近年の科学研究の重要な特徴の1つは、プロジェクト型の研究活動に推移していることです（ザイマン 1995）。今日の日本でも、文部科学省や経済産業省などが国策として必要な研究の開発を請け負う研究者を募集し、予算を獲得した研究者がそれに応じた研究を行うことが増えました。

　このようなプロジェクトの企画・運営は、1人の研究者の能力を超えています。予算の獲得から研究の分担、成果の公表などを包括的に、経営的な手法によって、またチームを作って行う事業となります。人文、社会科学系の分野においても、少なからずこのような傾向は見受けられます。

　このような流れが形成されたのは、大学や研究者が生み出す知識が、社会にとって有用でなければならないと考えられるようになってきた証しでもあります。大学教員にも、研究能力だけではなく、資金獲得や研究室の運営能力も必要になってきています。今や大学教員も生き残りをかけた競争社会の中にいるのです。

(3) 大学職員はいつから存在したのか

　大学が誕生したということは、そこに大学教員と学生が存在したことを意味します。それでは大学職員はいつから存在したのでしょうか。中

世ヨーロッパの大学にも庶務係、出納係、図書係として大学に雇われた人たちがいました（横尾 1999）。ただし、大学職員の登場について明確な資料をたどることは非常に困難です。日本の大学においては、たとえば『東京大学百年史』や『早稲田大学百年史』などの資料から、黎明期の大学職員の様子をうかがうことができます。

明治期の大学にも、当然、大学職員は存在しました。明治 26 年の帝国大学官制によると、書記官が 1 名と庶務・会計に従事する書記が 52 名配置されていました。しかし実際の大学職員は、これに加え、大学雇いとして事務雇員（庶務、会計など）、教務雇員（教務、学生、宿舎、図書など）、事務雇人（給仕、小使など）など多様な職種で多くの職員が働いていました。また、文部省の営繕部署から技師や技手として帝国大学に派遣された職員は、今日までキャンパスに残るモダンな建築を設計しました。

戦前の官立大学の職員組織は、官吏（文部官僚）としての大学職員と、大学雇いの大学職員により職員組織が構成されていました。教務関係や図書館の業務もあったとはいえ、あくまで彼らは庶務、会計を中心とする行政職員であり、大学職員として意識されることはほとんどありませんでした。

私立大学においても、私塾の段階を脱してくると、アメリカなどの大学を参考に法人上の組織が整備され、会計や教務の規程が定められ、それらの業務に従事した大学職員が配置されるようになりました（川口編 2000）。

(4) 戦後の大学職員の役割

戦後、アメリカの指導により、学生の**厚生補導***に関する考え方が導入されることになり、厚生補導の部門に職員が配置されました。このとき設置された組織が新たに生まれた学生部です。名目上は新たな組織を設置し、専任の職員を配置したとはいえ、専門職化が図られることはありませんでした。事務組織全体が庶務、会計を主軸にしたものであるこ

とにほとんど変化はなかったといえます。

　1949 年の私立大学法の施行に伴い、私立大学にはアメリカの学校管理に関する新たな考え方が導入され、**学校法人**＊への組織替えが行われました。その後、企業や官公庁の事務改善の動きとも連動して、昭和 30 年代に今日につながる事務体制がおおよそ完成したとされています（日本私立大学協会大学事務研究委員会編 1977）。

　1960 年代の大学紛争は、大学のあり方そのものが問われた時代でした。学生の大学運営への参加が叫ばれる中で、大学職員も大学の構成員であり、構成員としての大学自治への参加という意識が高まりました。しかし、有効な方向性を見い出せないまま、1970 年代には、一部の私立大学を除いて、その議論は沈静化していきました。

　その後、大学職員の役割に注目が集まることはほとんどありませんでした。大学の中での職員の機能に関心がよせられるようになったのは、1990 年代以降の話です。日本の大学も**ユニバーサル段階**＊の時代を迎え、大学職員の見方にも変化の兆しがみられるようになりました。事務を処理する業務以外にも、大学運営や教育研究の支援という役割への注目が高まってきたのです。

第4章 大学の制度

1 大学を制度から俯瞰する

(1) 大学の制度を理解する

　大学にかかわるさまざまな制度をどれだけ理解しているでしょうか。たとえば、日本の多くの大学では英語を必修科目としていますが、それは法令で定められているのでしょうか。実はそうではなく、必修科目は大学ごとで決定できる事項の1つです。**カリキュラム***の再編成を行う際に、旧カリキュラムを適用していた学生が全員卒業するまで新旧カリキュラムを併存させることも、大学があくまで教育上の配慮として行っていることであり、法令上定められている事項ではありません。

　大学の制度はほかの学校のそれと比較して、さまざまな点で大学にゆだねられた裁量が大きいという特徴をもちます。だからといって最低限度のルールさえ守ればよいのではありません。大学は、社会の発展に寄与すべき存在であることを自覚し、質の高い教育、研究、社会貢献を行わなければなりません。大学を取り巻く制度は、国の細かな規制によって質を確保するのではなく、大学自身で高め続けることができる自律的な存在であることを前提に設計されているのです。

(2) 学校体系における大学

　日本の学校制度は**学校教育法***で定められています。この法律の第1条では「この法律で、学校とは、幼稚園、小学校、中学校、義務教育学

校、高等学校、中等教育学校、特別支援学校、大学及び高等専門学校とする」と定められています。学校教育法第1条に記されている学校であるので、「大学は1条校である」といった表現を使うことがあります。学校教育法では、**大学院**＊も短期大学も大学の中の課程の1つとして扱われています。

(3) 大学を設置できる組織

学校教育法の第2条で、大学を含む1条校を設置できる組織は下記の3つに限られています。

(1) 国（国立大学法人を含む）
(2) 地方公共団体（公立大学法人を含む）
(3) **学校法人**＊

現在、国立大学の設置者は国立大学法人のみです。それに対し、公立大学は地方公共団体が直接設置する場合と、地方独立行政法人法を根拠として設立された公立大学法人が設置する場合の両方が認められています。私立大学は学校法人が設置することができます。

国立大学法人、公立大学法人、学校法人に共通するのは、法人であることです。組織であるのに人という用語が使われるのには理由があります。法人とは、法律の規定で人と同じような権利や義務の主体になることが認められたものだからです。

私立大学に対する行政機関の果たすべき役割は、**教育基本法**＊の中で次のように記されています。

　　私立学校の有する公の性質及び学校教育において果たす重要な役割にかんがみ、国及び地方公共団体は、その自主性を尊重しつつ、助成その他の適当な方法によって私立学校教育の振興に努めなければならない（教育基本法第8条）。

第4章　大学の制度

表 4-1 国公私立大学の法人制度

	国立大学法人	公立大学法人	学校法人（私立大学）
法人の設置根拠	国立大学法人法	地方独立行政法人法	私立学校法
設立の手続き	国立大学法人法に規定し、同法施行時に成立	設置団体の議会の議決を経て定款を定め、総務大臣・文部科学大臣が認可	寄附行為を定め、文部科学省令で定める手続きに従い文部科学大臣が認可
法人の運営目標	文部科学大臣が「中期目標（期間は6年）」を策定する。策定に当たっては、法人の意見を聴き、配慮するとともに、国立大学法人評価委員会の意見を聴く。	設置団体の首長が「中期目標」（期間は6年）を策定する。策定に当たっては、法人の意見を聴き、配慮するとともに、（首長の附属機関としての）地方独立行政法人評価委員会の意見を聴き、議会の議決を経る。	私立学校法の改正によって、2020年4月から事業に関する中期的な計画の作成が義務づけられた。

　私立大学を設置する学校法人に対して国は、教育または研究に係る経常的経費の2分の1以内を補助できることが制度上定められています。

　同じ大学という組織であっても、表 4-1 のとおり、設置形態によって大学運営の前提となる制度は異なります。これらは組織運営を担う教職員にとっては深くかかわってくることです。

2　大学に関連する法令を理解する

(1)　法令を理解するための基礎知識

　大学に関連する法令はどのような体系になっているのでしょうか。それを理解するためには、まず法令を理解する基本的な知識が必要です。

　法令には、憲法、法律、政令、省令という階層があり、上位にある法令が優先されます。大学に関する法律には、教育基本法や学校教育法があります。前者では大学の基本的な役割について、後者では大学の制度について定められています。また、省令である学校教育法施行規則や**大学設置基準**＊においては、教育研究上の目的などの大学の制度に関する

具体的な内容を定めています。

　株式会社立大学＊の設置根拠である構造改革特別区域法といった特別法は、学校教育法といった一般法より優先されるという原則もあります。そのため、株式会社は学校教育法で大学を設置できる者に含まれてはいませんが、大学を設置することができるのです。

(2) 教育基本法が示す大学のあるべき姿

　教育基本法とは、教育の根本的な理念や原則を定めたもので、教育憲法とも呼ばれています。1947年に制定された当初は、大学に関する個別の記述はありませんでした。しかし、社会の中で大学が果たす役割の重要性が高まっていることを踏まえて、2006年の改正時に大学に関する記述が登場しました。改正後の条文には、大学の役割や自主性などの尊重について示されています。

> 　第7条　大学は、学術の中心として、高い教養と専門的能力を培うとともに、深く真理を探究して新たな知見を創造し、これらの成果を広く社会に提供することにより、社会の発展に寄与するものとする。
> 　2　大学については、自主性、自律性その他の大学における教育及

び研究の特性が尊重されなければならない。

(3) 学校教育法で大学制度の骨格を理解する

学校教育法は、日本の学校制度について定めたものです。大学に特化した内容については第83条から第114条までに示され、大学の目的、修業年限、入学資格、教員の職階、**教授会***の役割などの大学の基本的な制度が示されています。しかし、この法律ですべての事柄を定めているわけではありません。より細部にわたる内容については省令等で定められています。

たとえば大学の設置については、学校教育法第3条で「学校を設置しようとする者は、学校の種類に応じ、文部科学大臣の定める設備、編制その他に関する設置基準に従い、これを設置しなければならない」としています。そして「大学設置基準」などの文部科学省令において細かく大学の設置について定めています。「文部科学大臣の定めるところにより」などの表現が条文に含まれている場合は、その細目について関連する下位の法令に具体的な定めがあると考えてよいでしょう。

(4) 大学設置基準を理解する

国が大学の設置を認めるための基準として、大学設置基準が省令で定められています。大学設置基準では、大学を設置するのに必要となる最低限の基準としてだけではなく、「この基準より低下した状態にならないようにすることはもとより、その水準の向上を図ることに努めなければならない」ことが示されています。したがって、**認証評価***などで大学が評価される際の重要な基準の1つとなります。大学設置基準で規定されている主な事項は表4-2の通りです。

省令は法律よりも高い頻度で改正されます。改正で定められた新たな基準は、すでに設置して学生が在学している大学であっても満たさなければなりません。省令であっても、理由なく突然改正することはありま

表 4-2　大学設置基準で規定している主な事項

総則	○趣旨　　○教育研究上の目的　　○入学者選抜
教育研究上の基本組織	○学部・学科・課程　　○学部以外の基本組織
教員組織	○教員組織　　○授業科目の担当　　○専任教員
教員の資格	○学長、教授等の資格
収容定員	○収容定員
教育課程	○教育課程の編成方針・方法　　○単位　　○授業期間 ○授業の方法　　○成績評価基準等の明示 ○教育改善の組織的な研修　　○昼夜開講制
卒業の要件等	○単位の授与　　○履修科目の登録の上限 ○他の大学の授業科目の履修、大学以外の教育施設等における学修、入学前の既修得単位の認定 ○長期履修・科目等履修生　　○卒業の要件
校地、校舎等の施設及び設備等	○校地・運動場・校舎等施設　　○校地・校舎面積基準 ○図書等の資料及び図書館　　○附属施設　　○機械・器具等
事務組織等	○事務組織　　○厚生補導の組織　　○研修の機会

せんので、担当者は政策動向を注視し、省令の改正前からその基準に対応できるよう、準備を進める必要があります。

3　大学を取り巻く政策と制度を理解する

(1)　中央教育審議会で政策が審議される

　政府は、法令に謳われた理念を各大学へ浸透させるために、さまざまな政策を立案し、制度を運用します。大学をはじめさまざまな教育に関する政策を審議して提言する組織が**中央教育審議会***です。中央教育審議会には、文部科学大臣からの求めに応じて、専門的な見地から調査・審議し、意見を述べる権限が与えられています。

　そのため、委員は教育関係者のみならず、地方公共団体や企業などから幅広く30名以内で選出されています。この約30名の委員とは別に、特別な事項を調査・審議するための臨時委員や、専門的な事項を調査す

```
中央教育審議会
    ├─ 教育制度分科会
    ├─ 生涯学習分科会
    ├─ 初等中等教育分科会
    └─ 大学分科会
```

図 4-1　中央教育審議会の構成

るための専門委員を選出する場合もあります。

　2019 年現在では、中央教育審議会の下には 4 つの分科会が設置されています。その中でも、大学に関する事項を調査・審議するのが大学分科会です。必要に応じて分科会の下にさらに部会を設けることもあります。

　中央教育審議会での調査・審議の結果は、答申として文部科学大臣へ報告します。文部科学大臣はこの答申を踏まえ、具体的な政策を立案します。たとえば、学校教育法施行規則の改正により 2017 年度から公表が義務づけられた**アドミッション・ポリシー***、**カリキュラム・ポリシー***、**ディプロマ・ポリシー***は、2005 年 1 月に公表された「我が国の高等教育の将来像」という答申により、文部科学大臣へその必要性が示されていました。

　また、文部科学省関係の審議会は中央教育審議会だけではありません。大学の設置や学校法人に関して審議する**大学設置・学校法人審議会***や科学技術や学術関係の事項を審議する科学技術・学術審議会などもあります。

(2)　政策はさまざまな場で検討されている

　政策は審議会以外の場でも検討されています。近年では、内閣や政府与党の中に設置されるさまざまな会議や経済団体などからの提言も、大学を取り巻く政策の検討や制度の設計に大きな影響を与えるようになっています。

　また、文部科学省以外の省庁が所管する政策も大学に影響を与えます。

たとえば、医療系など国家資格に関係する学部では、資格を所管する省庁から提示されるさまざまな基準にそって運営する必要があります。

(3) 政策を大学に浸透させる

審議会の答申をきっかけとした制度改正以外にも、大学を取り巻く政策を具体化する方法はあります。文部科学省は、全国の大学のモデルとなる事業を募集し選考した後に、その推進を補助金で支援する方法や、現行の大学設置基準よりも高いハードルを設定し、それに適合した大学のみを認定する方法などにより、政策を各大学へ浸透させています。

最近では、学生の留学状況や就職率などの客観的な指標を用いて選考や事業の評価を行うことが増えてきており、各大学では、教育、研究、社会貢献活動の成果を数値として表現することが求められています。

(4) 設置認可制度を理解する

大学・学部・学科などの新設や改組をする場合、文部科学大臣から認可を受ける必要があります。文部科学大臣は認可をする前に、大学設置・学校法人審議会に意見を求めます。審議会で審査を受けるために、各大学は綿密な準備をしているわけです。現在は、授与する学位の種類と分野の変更をしない改組などの簡易なものは、文部科学大臣への届出のみでよいことになっています。手続きが簡素になったとはいえ、この設置認可制度は、国が大学へ関与する制度の根幹であることに変わりはありません。

なお、国立大学の場合、大学そのものの設置は国立大学法人法を改正する必要があり、最終的に国会での議決が必要です。学部・学科などの新設や改組は、公立大学や私立大学と概ね同一の手順です。

4 大学の質を保証する仕組みを理解する

(1) 事前規制から事後チェックへ

これまでの大学は、設置認可制度による政府の関与と厳しい受験戦争による入学者の選抜によって、一定の質が保証されていました。しかし、設置認可制度の緩和や受験人口の減少などにより、これらが**教育の質保証***の装置としての役割を十分に担えなくなってきました。そのため現在では、事後チェックとしての認証評価制度を加え、大学の質を保証するシステムを構築しようとしています。

以前は、大学・学部・学科などの新設や改組を行う際に、現在よりも厳しい設置認可制度によって政府の事前規制を受ける必要がありました。この事前規制によって、大学の質は一定程度保証されてきたといえます。しかし、一旦設置された後はさまざまな制度の改正への対応を怠る大学を国や社会がチェックすることは難しく、各大学の自主的な改善に期待するしかありませんでした。

1990年代のさまざまな規制緩和の流れの中で、大学設置基準が1991年に改正され、審査にかかわる基準を簡素化することになりました。受験人口が減少し、大学も設置しやすくなってしまうと、はたして日本の大学の質はどうなってしまうのでしょうか。貨幣が大量に出回ることで、社会の中で信用されなくなり、価値の下落を招いてしまうことと同じようなことが、大学にも起こってしまうかもしれません。

そのため、大学の質を保証する仕組みとして、大学自身による「自己点検・評価」制度が、基準の簡素化と合わせて導入されました。しかし、自分で自分を評価する甘さは否定できず、実際には現状の把握にとどまるレベルのものが大半で、大きな改善につながるような取り組みにまで高めることができたとはいえませんでした。

そのため、1999年に行われた大学設置基準の改正では、自己点検・

表 4-3　大学設置基準の大綱化の主な事項

- 授業科目の科目区分（一般教育科目、専門教育科目、外国語科目及び保健体育科目）の廃止
- 各科目区分ごとの最低修得単位数を廃止し、総単位数のみ規定
- 必要専任教員数について、各科目区分ごとに算定する方式を廃止し、収容定員の規模に応じた総数のみを算定する方式へ変更
- 授業の方法別に一律に定められていた単位の計算方法を、大学の判断により弾力的に定めることができるように変更

評価の実施とその内容の公表を義務化し、あわせて、大学以外の第三者による評価を努力義務としました。この制度を浸透させるため、文部科学省は大学評価・学位授与機構を 2000 年に発足させ、2003 年までの間に、国立大学を対象として、第三者評価を試行実施しました。その後、2004 年からは認証評価制度という名称で第三者評価はすべての大学に義務化されています。

また、2006 年からは、設置計画履行状況等調査という名称で、大学の設置などの認可や届出の後において、計画通りに実施しているかどうかを確認する調査が取り入れられています。

(2)　事後チェックを受ける義務

大学として認可をした後も、国は大学設置基準と照らして問題がなく、教育研究の質が大学としてふさわしいレベルであるかを確認する必要があります。そのために、文部科学大臣が認証した評価機関の実施する評価を受けることが義務づけられています。認証評価には、大学全体の状況について評価する「機関別認証評価」（7 年以内に 1 回）と、専門職大学院を対象とする「専門分野別認証評価」（5 年以内に 1 回）があります。そのため、専門職大学院は 2 つの認証評価を別々のサイクルで受審する必要があります。

ここで、日本の認証評価の理解を深めるために、アメリカの**アクレディテーション**＊を紹介します。そもそもこの認証評価とアクレディテーションは異なるものです。アメリカでは、複数の大学で自主的に団体を作り、その団体が独自に設定した基準を満たしている大学のみを加

盟させる方法で大学の質を維持する仕組みが定着しています。これをアクレディテーションや適格認定といいます。州政府は、この認定を利用して、免税措置などの支援を行うか判断をしています。日本も戦後、アメリカの制度にならい**大学基準協会***が設立され、大学間で質の保証を行う試みも行われましたが、日本の大学制度は政府による関与が前提であるがゆえに、アメリカのように国から完全に独立した評価制度にはなりませんでした。

(3) 認証評価制度を理解する

　大学は、評価機関が定める評価基準にしたがって、教育研究などの状況について自己点検・評価報告書や根拠資料などを準備します。評価機関は、大学から提出された自己点検・評価報告書などを資料とした書面調査や訪問調査によって、自らが定めた評価基準に適合しているかを判定します。

　評価の基準、方法、体制などは評価機関が設定しますが、公正かつ的確に実施できるかについては、中央教育審議会が審査し、文部科学大臣が認証した団体のみが評価機関となることができます。

　評価結果には、評価基準を満たしているかどうかに加え、「優れた点」や「改善を要する点」なども記載されます。評価結果が「保留」や「不

表 4-4　大学を取り巻くさまざまな評価制度

	国立大学法人が設置した大学	公立大学法人が設置した大学	私立大学 地方公共団体直営の公立大学
自己点検・評価	学校教育法第 109 条第 1 項 大学は、その教育研究水準の向上に資するため（中略）自ら点検及び評価を行い、その結果を公表するものとする。		
認証評価	学校教育法第 109 条第 2 項 大学は、前項の措置に加え、当該大学の教育研究等の総合的な状況について、政令で定める期間ごとに、文部科学大臣の認証を受けた者（以下「認証評価機関」という。）による評価（以下「認証評価」という。）を受けるものとする。		
法人評価	国立大学法人法に基づく法人評価	地方独立行政法人法に基づく法人評価	特段の定めなし

適合」と判定された場合、判定された大学は評価機関が定めた期限内に再度評価を受けることも可能です。また、評価の結果は、評価機関から文部科学大臣に報告され、法令違反に陥っていると判断した大学に対し、文部科学大臣は必要な措置をとるよう勧告することができます。

(4) 社会への説明責任を果たす

　大学に関する評価制度は、認証評価制度だけではありません。表4-4のとおり、設置形態ごとに、複数の評価制度が並存しています。たとえば、国立大学や法人化された公立大学は、法律に基づいて法人評価を受けることになっており、大学の資金配分にも影響を与えます。

　評価制度は、事後チェックとしての機能だけではなく、社会的な存在である大学の存在理由や大学を取り巻く状況を不断に確かめ、社会に説明する機能も有しているからです。たとえば、公立大学法人は地方独立行政法人法に基づく法人評価制度により、毎年度の税負担者である住民に対して、法人の財務状況や設置している大学の教育、研究、社会貢献活動についての状況を報告する義務を負っています。

　インターネットの普及などにより、大学に関する情報は簡単に手に入れることができるようになりました。大学の競争相手はもう国内だけではありません。いよいよ日本の大学も、国の認可だけでは社会の中で存在することが難しくなってきたといえるでしょう。

第5章 大学の財政基盤

1 大学の財政を支える仕組みを理解する

(1) 大学の経済的側面は軽視できない

　大学は営利組織でないことから、その教育を語るにあたって、お金の話はタブーになりがちです。しかし、大学が非営利組織であるからといって財務管理が不要なわけではありません。活動の立ち上げや継続のためには全体の支出に相当する金額の収入がなければ、どんなに高尚な理念を掲げていたとしても大学は組織として存在できなくなるのです。

　教育の経済的側面を考えるにあたっては、学生支援の視点も大切です。どの大学でも経済的理由で休学や退学をする学生がいます。**奨学金***や授業料の減免や免除などにより、学ぶ意欲のある学生をある程度支援することができます。また、学生の部活動やサークルといった課外活動にも予算は必要です。

　このように、教育に関連する経済的側面を考慮に入れることは、運営や学生支援の面をはじめとして、大学のさまざまな業務とも密接に関係してきます。大学教育を充実し発展させていくためには、経済的側面を軽視することはできないといえるでしょう。

(2) 国や家計が大学の財政基盤となる

　大学の財政基盤は、国家予算や学生からの**納付金***などに支えられています。国は高等教育政策に基づいて予算配分を行うことができます。

教育の機会均等*のために奨学金がこれまで以上に必要だと考えれば、奨学金に充てる予算枠を拡大することができます。また、政策上望ましい教育改革を進める大学に特別に予算配分するということもできます。資金の流れを見ることで、高等教育政策の方向性を理解することができます。

　また、個々の学生が大学に進学するかどうかという選択も経済的側面でとらえることができます。学生は大学へ進学することにより納付金を支出しますが、進学の決定にあたっては、それによって得られる利益と生じる負担を比較していると考えることができます。もちろん利益と負担が意味するところは経済的な側面に限りませんが、進学に要する金銭的な利益と費用を考えることには一定の意義があります。

　このように、大学の財政基盤は国や家計が担っているといえますが、注意しておかなければならないのは、設置形態による収入源の違いです。

　国立大学は**運営費交付金***など国の資金に大きく依存して運営していますし、公立大学のうち、法人化した大学は、地方公共団体からの運営費交付金に大きく依存しています。法人化していない大学の場合は、地方公共団体の会計の中に組み込まれています。

　私立大学を運営する**学校法人***も、私立学校振興助成法に基づき、1970年以降は**私学助成***という形で国からの助成を受けています。しかし、その助成額は、教育または研究にかかる経常的経費の約10%にすぎません（日本私立学校振興・共済事業団 2016）。大部分は、学生からの納付金によって運営されているといえます。ちなみに、**株式会社立大学***の場合は私立学校振興助成法の対象外であり、私学助成は行われていません。

(3) 大学の財務には基本ルールがある

　大学は毎年度の収入と支出について計画を作成し、年度末時点でその実績をとりまとめます。前者が予算、後者が決算に該当します。大学で作成される**財務諸表***も、一定の法令に基づいて作成されています。こ

れらに加え、予算の執行についても同様の法令にそって処理されます。このような日常的な収支管理や会計処理にかかる活動を財務といいます。

大学の財務において、設置形態により適用される法令は異なります。国立大学においては国立大学法人会計基準が、公立大学においては地方独立行政法人会計基準が適用されます。私立大学においては 1971 年に省令として定められた**学校法人会計基準***が適用されます。

それぞれの法令の内容は、設置形態の特性に合わせて少しずつ異なりますが、共通する原則があります。それは、真実性の原則、複式簿記の原則、明瞭性の原則、継続性の原則といったものです。

まず、真実性の原則とは、財政やその運営状況について真実を提供しなければならないことを示したものです。次に、複式簿記の原則とは、会計帳簿はすべて取引の原因と結果の両方を記載する複式簿記で作成することを示したものです。また、明瞭性の原則では、財政やその運営状況が正確に判断できる程度に会計にかかる事実を明瞭に示すことを求めています。そして、継続性の原則では、会計処理の原則や手続きをみだりに変更しないことが定められています。

(4) 財務に対する大学の責任

国や家計が財政基盤となっていることや、大学の財務に基本ルールがあることからもわかるように、大学は財務を適切に行う社会的責任を負っています。ここでいう社会的責任の1つには、予算や決算に真実を明瞭に公開することがあります。

それに加えて、収入に見合う事業の成果を出す責任もあります。たとえば、国公立大学では財務諸表の数値を示すだけでなく、事業計画や事業報告に関する書類を公表することが義務づけられています。これも社会的責任を果たすための活動の1つです。予算をどのように使おうとしているのか、実際にどのように使われ、成果をあげたのかを説明することにより、国や家計から得た収入が事業の成果にどのようにつながったかを示しています。

また、事業の成果を示すだけでなく、その過程における責任も有しています。つまり、予算を適正に使用する責任です。入札により契約業者を決定する方法もその1つです。大学側が指定した仕様を満たすものであれば、もっとも安価あるいはそのほかの基準で最善の取引先と契約することになります。費用対効果を最大限に高めるための努力が求められているともいえるでしょう。

2　国や家計との関係を理解する

(1)　大学の予算規模を理解する

　大学は国にとって重要であり、大学への予算配分が経済的にも意義のあることはさまざまなデータから裏づけることができます。しかし、実際は国が大学のすべての予算を支出するという形にはなっていません。

　大学教育の費用の負担は、公的負担と私的負担の組み合わせです。公立の小中学校は授業料を徴収しないのに、大学では授業料を徴収します。日本国憲法において義務教育は無償とすることが定められていますが、大学教育は義務教育ではないからです。

　国にとって教育がどれほど重要であっても、限られた予算の中では社会保障関係費や公共事業関係費などと比較しながら教育費の金額が決定されます。同様に、教育費の中でも小学校や中学校の予算と比較しながら大学の予算が決定されます。

　2016年度の文教費の総額は約23兆円です（文部科学省 2018）。文教費は、国、都道府県および市町村の公財政から支出された教育費です。その中の約4兆円が高等教育分野に支出されています。

　国際的には日本は高等教育への公的支出の割合が低いという議論があります。OECD加盟国の高等教育への公的支出の割合は平均70％です（OECD 2017）。一方、日本は私立大学の割合が多いこともあり、公的支出の割合は34％に過ぎません。公的支出の割合が低いということは、

学生やその家族の支出負担が大きいということを示しています。OECDの日本を対象とした報告書において、日本の幼児教育と高等教育に対して、「各家庭に極めて重い経済的負担を強いている」と指摘されています（OECD 2017）。

(2) 大学は経済的効果をもたらす

　大学は公共性をもち、広く社会の発展に寄与する機関です。大学の意義が社会に認められているからこそ、国の予算が投入され支援されています。

　大学は経済的効果が大きいことも知られています。大学は教育活動や研究活動によって経済効果を生みます。また、大学が存在するだけで学生や教職員によって地域の消費が活性化し、たとえば富山大学、徳島大学、長崎大学の各地域では毎年1000億円を超える経済効果があるという報告があります（日本経済研究所 2011）。

　また、国の教育への投資がどの程度社会への便益を生んでいるのかを測定する**社会的収益率**＊という指標があります。一般的に、大学を卒業することによって卒業者は高校卒業者よりも高い賃金を生涯にわたり受け取ることができます。高くなった賃金に伴い、国の税収入も増加することになり、国にも便益があるのです。社会的収益率は国立大学で6.0％、私立大学で6.7％と報告されています（広田他編 2013）。国の視点では、大学教育は6％以上の利息を生み出す投資とみなすことができるのです。

(3) 大学進学は家計にとって大きな買い物

　大学進学は家計あるいは人生にとって大きな買い物です。大学に通うために必要な入学金、授業料、教材費といった大学に支払う納付金や、下宿して大学に通うのであれば生活費も負担しなければなりません。

　日本の大学の教育費は私費負担の割合が高いという特徴があります。私費負担は家計負担と呼ばれることがあります。私費負担には、学生の

親などが負担する方法と学生本人が負担する方法の2つがあります。日本をはじめ、東アジア諸国には親が子どもの教育に責任を負うという価値観が強く、学生の親などが負担する場合が多いという特徴をもちます。一方で、アメリカやイギリスなどにおいては、教育を受けた個人がその費用を負担すべきであるという価値観が強く、個人が負担できない場合は教育ローンを充実させ個人が大学卒業後に返還するのがよいと考えられています。

　私費負担の割合が高いと、教育費を負担できずに、**教育基本法**＊に定める「ひとしく、その能力に応じた教育を受ける」機会を享受することが難しくなります。そこで設けられているのが、奨学金の制度です。現在では、学生の2人に1人が何らかの奨学金を利用していることが報告されています（日本学生支援機構 2016）。奨学金を利用している学生の**90％**が**日本学生支援機構**＊の奨学金を活用しています。また、国公私立大学で支援の仕組みは異なりますが、授業料の減免や免除をする制度もあります。

(4) 大学進学には個人の便益がある

　大学に進学するには私費負担が大きいものの、経済的な便益も大きいことも指摘されます。大学に通うことによって高校卒業後すぐに働くよりも高い賃金を受け取る可能性が高まります。大学進学は社会全体だけでなく、進学した個人にとっても便益をもたらします。このことは、**受益者負担**＊の観点から学生に教育費を負担させる根拠になります。もちろん人は経済的な理由のみで進学を決定するのではありませんが、教育費を負担すべきかどうかを考える際に、大学進学がもたらす経済的便益の視点を無視すべきではありません。

　個人の教育への投資がどの程度の利益を生んでいるのかを測定する**私的収益率**＊という指標があります。大学に通うために必要な授業料や教材などの直接費用と、高校卒業後から働けば得られるはずであった所得の放棄を投資ととらえた間接費用、大学卒業と高等学校卒業の賃金差を

大学に通うことによる利益と考え、私的収益率を算出します。日本の生涯所得は、高校卒業者で2億1029万円、大学卒業者で2億8367万円と算出されています。それらの数値に基づくと、日本の大学教育の私的収益率は、国立大学で7.4%、私立大学で6.4%になります（広田他編2013）。

3 大学財務の原則を理解する

(1) 予算制度が重視される

　大学は、国や家計以外からも第三者からの寄附金や企業からの**受託研究***などにより収入を得ています。教育や研究にかかる費用は、社会から広く得られた収入をもとに支出されています。したがって、大学には教育や研究の成果を社会に還元しなければならない使命があります。それに加えて、予算制度に基づき適切に収入と支出を管理しておく必要があります。

　ここでいう予算制度とは、事業年度ごとに予算を立て、年度内はその予算に基づき事業を行い、年度末時点での予算の執行状況について決算をもってとりまとめる一連の流れに関する規則や手続きを指します。

大学の財務の特徴の1つは、事業年度の開始時の4月の時点で収入面と支出面の大枠がほぼ定まっていることです。学生数の定員はあらかじめ決められているため、学生からの納付金や国からの予算配分がわかります。また、支出についても人件費などの主要な項目の金額はほぼ決まっています。したがって、企業に比べて比較的予算を立てやすいといえます。

　逆にいうと、想定外の収入を得られる可能性は少ないため、想定される支出額をあらかじめ決めておく必要性も高いといえます。予算制度は、支出の内容について無駄なものを排除し、効果的に支出するための合理的な手段としての意義をもちます。

(2) 財務諸表の種類を理解する

　大学における財務は、明瞭性の原則に基づきます。財政やその運営状況を明瞭に示す具体的な方法として、財務諸表を整えることが設置種別ごとの会計基準により定められています。整える必要のある財務諸表は表5-1のとおりです。

　すべての大学に共通しているものは貸借対照表です。これは、法人の資産、負債および純資産の状況を示すものです。ここでいう資産とは、土地や建物などの固定資産と、現金や預金、有価証券などの流動資産のことを指します。また、負債には長期借入金や退職給与引当金などの固定負債と、短期借入金や未払金などの流動負債があります。純資産とは、国公立大学でいえば資本金、私立大学でいえば基本金などが該当します。

　また、国公立大学でいう損益計算書は、私立大学では事業活動収支計算書が対応するものになります。いずれも事業年度における資金の動きを示します。さらに、その収支が経常的なものか臨時的なものか、教育活動によるものか教育活動外によるものかを区分しています。収支の均衡とそれが安定的かを確認することができる書類といえます。

　そして、国公立大学でいうキャッシュ・フロー計算書は、私立大学の資金収支計算書と類似したものになります。前者であれば、業務活動、

表 5-1　財務諸表の種類

	国公立大学	私立大学
種類	① 貸借対照表 ② 損益計算書 ③ キャッシュ・フロー計算書 ④ 利益の処分または損失の処理に関する書類 ⑤ 国立大学法人等業務実施コスト計算書 ※ 公立大学は「行政サービス実施コスト計算書」 ⑥ 附属明細書	① 資金収支計算書 ② 事業活動収支計算書 ③ 貸借対照表 ④ 財産目録

投資活動、財務活動に伴う資金の収支について、後者であれば、教育活動、施設設備等活動、そのほかの活動に伴う資金の収支について記載されています。いずれにしても、収入や支出のうち、現金の入出金を伴うものをまとめた書類といえます。

(3)　大学の財務状況を確認する

　財務諸表を読み解くことで、その大学の財務状況を分析することができます。分析可能な主なものには、①財務の健全性、②効率性、③収益性、④発展性、⑤活動性といった5項目があります（国立大学財務・経営センター 2004）。

　財務の健全性を示す指標としては、たとえば流動比率があります。流動比率とは「流動資産÷流動負債」で示されるものです。流動比率が100％を超えていれば、現金や預金などの流動資産が流動負債より多いということになり、当面の財源が確保されていることがわかります。割合が高いほうがよい指標といえます。

　効率性を表す指標として代表的なものは、人件費率です。これは、私立大学であれば「人件費÷経常収入」で計算できるものです。大学は人による教育や研究が中心的な活動となるため、人件費率は私立大学であれば50％以上のところも多くあります。しかし、この比率が高いと、教育や研究活動そのものに必要な備品や旅費などに使える費用が減るため、低いほうが望ましいといわれています。

ここであげた例は、設置形態問わず用いられるものですが、多くの指標は、設置形態によって異なる点に注意が必要です。たとえば私立大学独自で用いられるものに、事業活動収支差額比率があります。これは、一定の期間内の損益状況を表す指標で、「基本金組入前当年度収支差額÷事業活動収入」で計算されます。基本金組入前当年度収支差額とは、事業活動収入から事業活動支出を差し引いたものです。

(4) 大学の財務が適正かどうかを確認する

大学の財務は、**監事***などの**監査***により適正かどうかを確認されることが法令で義務づけられています。公立大学であれば独立行政法人通則法第39条に「財務諸表、事業報告書（会計に関する部分に限る。）及び決算報告書について、監事の監査のほか、会計監査人の監査を受けなければならない」と定められています。国立大学法人法においてもこの法律が準用されています。私立学校法においては、監事2人以上を置くことが定められており、監事は役割の1つとして財務の監査を担います。

財務の監査では、財務諸表の内容に誤りあるいは虚偽がないかが確認されます。支払処理の伝票や証憑書類など、さまざまな根拠資料も揃えておかなければなりません。そして、根拠資料の整備に関する規則が適切に定められているかどうかも監査の対象です。財務以外の部署に所属する職員にとっても、根拠資料の整備には直接かかわることが多いでしょう。

4 大学の財政基盤を強化する

(1) 定員充足は財政基盤強化の第一歩

財政基盤の安定を図るにあたって、もっとも基本的な事項は収容定員を満たすことです。国立大学法人運営費交付金にも私立大学等経常費補助金にも、学生数に基づき配分される予算があります。ただし、収容定

員充足率が一定の率に満たなかった場合、あるいは収容定員を一定水準以上超過した場合には、国立大学であれば運営費交付金の返還が求められ、私立大学であれば経常費補助金の減額または不交付につながります。

そもそも私立大学では学生納付金が収入の大部分を占めます。入学定員充足率を満たさない、いわゆる定員割れの私立大学の割合は、2000年代中盤以降4割程度で推移しています。このような大学では、定員未充足に伴う経営への影響は大きいと考えられます。

したがって、財政基盤の安定にあたっては、収容定員を満たすための学生募集、合格者の歩留まり予測、補欠合格の仕組みといった入試戦略を十分に考える必要があるといえるでしょう。また、退学率の高い大学においては、退学を予防する策を講じることが、学生支援だけでなく財政の観点からも求められているのです。

(2) 傾斜配分方式の予算を獲得する

大学の予算配分の方法は、学生数など大学の規模に合わせて一様に配分されるものに限りません。もう1つ、計画や実績の評価によって配分額に傾斜をつける方法もあります。近年は、後者の方法による資源配分が積極的に行われるようになっています。特定の研究領域を重点的に推進したり、大学間の競争を促して改革を推進したりすることを通じて、国の政策が浸透しやすくなる方法ともいえるでしょう。したがって、国と大学の方針が一致する場合は、積極的にこのような資金を獲得していくことになります。

具体例としては、研究拠点形成費等補助金や大学改革推進等補助金などがあります。国立大学の第3期中期目標期間で採用された、機能強化の方向性に応じた運営費交付金の重点配分も該当します。私立大学対象のものであれば、2013年から開始された私立大学等改革総合支援事業などがあります。

> **コラム　教育の論理を丁寧に説明する**
>
> 　ある大学改革推進等補助金の補助を受けていた際に、ドラマの DVD-BOX を購入したことがありました。アクティブラーニングを促す教材として、ドラマの中にあるさまざまな葛藤場面をとりあげる意図で購入したのですが、文部科学省の補助金事務担当者からは DVD-BOX 購入分の補助金を返還するよう指示されました。「娯楽で用いることができるものは教材とは認められない」という理由でした。
> 　しかし、医学教育の分野をはじめとして「シネメディケーション」と呼ばれる教育方法が広く取り入れられており、そこでは娯楽性のある商業映画が教材となる場合もあります。シネメディケーションに関連する論文を数本集め、それらを根拠として補助金事務担当者に説明したところ、補助金の返還を免れることができました。
> 　このように、教育の論理と経営の論理ではお金の使い方に対する認識が異なることはよくあります。同じ学内であっても、教務系職員が申請する予算の意図が、財務系職員からみると理解が困難な場合もあるでしょう。
> 　ここで重要なのは、教育の論理と経営の論理の相互理解を図るための丁寧な説明を試みることです。この事例で述べたような研究成果をはじめとして、他大学の成功事例など、客観的な根拠となる情報を集めて説明してみましょう。このような機会は、お互いに気づいていなかった効果的なお金の使い方を考える契機になるのではないかと考えます。

(3)　財源の多様化を模索する

　大学の安定的な運営には資金が必要です。そのため、大学は国や地方公共団体の公的負担と学生の私費負担以外に外部資金の獲得を模索する必要があります。

　その方法として、民間企業などからの資金を獲得するものがあります。研究活動の財源になるものとして、受託研究や民間企業などとの**共同研究***があります。受託研究は、民間企業などからの委託によって研究経費を受け入れて研究者が実施する研究です。また、共同研究は、民間企業などから研究者と研究経費を受け入れ、共通の課題について対等の立場で行う研究です。さらに、さまざまな財団などが研究助成事業をしており、研究者が申請することによって資金を獲得することができます。

大学への寄附金の獲得も期待されています。金銭だけでなく、財物による寄附を受け付ける大学もあります。不要になった書籍を売却して、古本募金を資金源にあてる大学もあります。また、大学の中のプロジェクトに関する資金をインターネット上で不特定多数から集める**クラウドファンディング**＊を利用する大学も増えています。さらに、施設などの**ネーミングライツ**＊を付与することにより収入を得る事例も出てくるようになりました。私立大学の中には、学校法人が100％出資する事業会社を立ち上げ、その収益を寄附金という形で納める方法で、寄附金収入を増やすところもあります。

(4)　教育と経営のバランス

　財政基盤を強化するために、収入を増やす以外にも支出を減らす方向性もあります。しかし、支出の削減を考える際には、そのデメリットも考慮する必要があります。

　たとえば、紙媒体で行っていた授業評価アンケートをウェブ媒体での実施に変えると、印刷費やデータ入力の業務委託費、用紙などの消耗品費の大幅な削減が期待できます。その反面、学生の回答率が落ちてしまう場合も多くあります。この場合、教育改善につながる情報が紙媒体のときより少なくなってしまい、教育という観点からとらえた場合は成功とはいえません。

　また、大学の支出でもっとも多くを占める人件費の削減方法として、派遣職員やパートタイム職員の雇用や、アウトソーシングを取り入れる大学も多くあります。社会保険料の削減をはじめ、コスト削減は大いに期待できます。しかし、派遣職員やパートタイム職員であれば、時限つきの雇用となり、担当できる業務範囲や権限に制限がかかる場合も多くあります。1つの部署で専任職員の割合があまりに低い場合、その専任職員の負担が過剰に高まることに伴い、学生対応の判断に時間を要してしまい、学生に不利益を与えてしまう場合もあります。

　いずれの事例にも共通することは、経営の論理でコスト削減を図ろう

とする際には、教育の論理も考慮すべきであるということです。大学における費用対効果といっても、どのようなことを効果と考えているかについては、人や部署によって異なると考えておいたほうがよいでしょう。

第6章 大学の組織体制

1 大学を運営する仕組みを理解する

(1) 大学を運営するとは

　大学を運営するのは誰でしょうか。教育、研究、社会貢献をミッションとする大学という組織では大学を運営するとは何をすることでしょうか。

　大学には、組織を代表する役職として**理事長**＊と**学長**＊がいます。国立大学法人のように理事長と学長が同一人物である大学では、理事長という言葉を使用しない事例があるなど、理事長と学長の関係は大学によってさまざまです。大学の運営を、学生募集や**カリキュラム**＊の改革といった教学分野にまで広げて考えた場合、これらについて理事長と学長は、どのような役割を期待されているのでしょうか。

(2) 大学を運営できる組織

　大学を設立し運営できる組織は、**学校教育法**＊の中で、国立大学であれば国立大学法人、公立大学の場合は公立大学法人か都道府県などの地方公共団体のいずれか、私立大学であれば**学校法人**＊に限定されています。国公私立により制度の差はありますが、運営する組織に関する事項は、**定款**＊や**寄附行為**＊という規則で確認できるようになっています。

　地方公共団体が直接大学を運営する場合、定款はなく、それに代わる基本的な事項を条例で定めなければなりません。ほかの法人制度とは大

きく異なるため、ここでは法人が運営する大学を中心に組織体制について説明します。

(3) 合議制が基本である

　大学を運営する法人は、話し合いで物事を決定する**合議制**＊を組織運営の基本としていることが特徴です。法人の最終的な意思決定機関としては役員会や**理事会**＊などがあり、それぞれの法人を設置する根拠法には設置すべき組織が定められています。社会の声を運営に活かすため、これらの意思決定機関には経営協議会のように外部の有識者を構成員に含めなければならないものがあります。

　外部の有識者を構成員とした会議の開催頻度は、法人によってさまざまです。年に数回案件を承認するためだけに開催している大学もあるかもしれません。大学は営利を目的とせず、社会の発展に寄与することを目的とした組織であるため、運営について法令で細かく定められているわけではありません。しかし、社会の声を受け入れながら自律的に運営することが大学には求められているのです。

(4) 理事長と学長の関係

　法人内の各組織では、合議制によって決められた方針にそって事業を進めます。大学では事業を取りまとめるために理事を置き、その代表を

(1) 国立大学法人

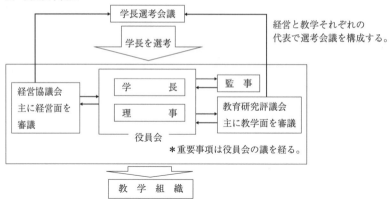

(2) 学校法人

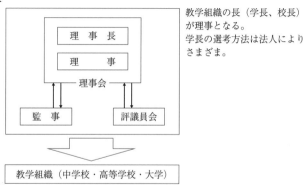

図 6-1　経営と教学の関係
出所　文部科学省（2017）と文部科学省（2012）を参考に筆者作成

理事長としています。理事の中には、学長を含めなければなりません。学長が理事長になることが可能かどうかはそれぞれの法人を設置する根拠法で定められています。では、理事長と学長が別の大学は、理事の代表である理事長と理事の1人である学長という上下関係は明確になっているのでしょうか。

　物事を決める際に、経営と教学に分けて扱うことが、企業をはじめとするほかの組織にはない大学の大きな特徴です。一般的に理事長が経営

事項を取りまとめ、学長が教学事項を取りまとめるものとされています。法人の経営があってはじめて大学が運営されることから、図 6-1 のとおり、教学の代表である学長は、法人の理事となり、経営にも参画します。経営という視点で組織を見ると、理事長の下に学長がいるとみなすことができます。

教育研究を担うのは大学教員なので、大学教員でない理事長は教育研究には口を出しにくいという法人もあります。それに対して、理事長と学長が同一人物である法人もありますが、学長が大学教員の場合は経営の専門家ではないことが多く、財務体質の強化や大学のブランド力の向上といった経営課題に対応できず、組織の存続に課題のある法人もあります。

教育基本法*の第 7 条では「大学については、自主性、自律性その他の大学における教育及び研究の特性が尊重されなければならない」とされており、教学事項については、教員組織の代表である学長の意見を尊重することが一般的です。しかし、大学の経営状況に課題があっては、教育研究を続けることは困難です。大学の理事長と学長は、単純な上下関係ではないことを理解しておきましょう。

2 教学を運営する仕組みを理解する

(1) 学長の資格と役割

教学部門の代表である学長は、**大学設置基準***に「学識が優れ」とあることから大学教員や大学教員経験者から選出されることが一般的です。

> 学長となることができる者は、人格が高潔で、学識が優れ、かつ、大学運営に関し識見を有すると認められる者とする(大学設置基準第 13 条の 2)。

学長の役割は、学校教育法第 92 条で「校務をつかさどり、所属職員を統督する」（ここでの職員には、教員も含まれます）と定められています。学生の入学から卒業に関することまで、教育研究の重要な事項はすべて学長の決定を必要としています。しかし、学長 1 人で大学の広範囲の事項を決定することは現実的ではないことから、同条で示されるように「学長を助け、命を受けて校務をつかさどる」ために副学長を別に設ける場合が多くあります。

(2) 大学ごとに学長の選出方法は異なる

学長の選出方法は、設置形態や大学によりさまざまです。たとえば国立大学法人は、学長選考会議によって選出することが法律で定められています。

合議制を基本とした組織であるため、学長を選出する際に全学の教員を対象に意向投票を実施する大学もあります。国立大学法人に設置される学長選考会議の多くは、その投票による結果を参考にしています。また、大学教員だけではなく大学職員にも投票権が与えられている大学も存在します。

学長がリーダーシップを発揮するためには、教員の大半が学長を支持している環境が望ましく、意向投票という制度は合理的であるといえるでしょう。しかし、大学という組織は運営と教学を分けて考える傾向があるため、教学面で、教員の大半が納得するような意思決定ばかりに終始してしまうと、大学自体の運営が成り立たなくなる可能性もあります。運営と教学のバランスを取るためには、大学設置基準が定める「大学運営に関し識見を有する」者を選出しなければなりません。

(3) 大学執行部と学部の関係

法的には権限があるにもかかわらず、学長 1 人の意向で決められることが限定的になってしまうことも、合議制を基本とした組織ならではの特徴です。たとえ学長の意向であったとしても、それぞれの学部の**教授**

会*が承認しない限り何事も先に進まない傾向は、歴史があり規模の大きい大学ほど強い傾向があります。

　学長も、もともとは特定の教授会の構成員の1人であることが多く、所属していた学部の意向に反する決定を行うことは容易ではありません。学部との調整を円滑に行うためにも、出身学部とは異なる副学長や学長補佐を複数名指名して大学の執行部を組織するなど、合議制組織の中でそれぞれのメンバーがリーダーシップを発揮する方法が各大学で模索されています。

(4) 具体的な事項は委員会で検討する

　大学を運営するためには、入学オリエンテーションのスケジュールから研究費の配分方針まで、あらゆることを決めていかなければなりません。それらのすべてを学長を含む執行部だけで検討することは現実的ではないため、分野ごとに委員会を設けて、具体的な事項を検討することが一般的です。この委員会の権限や構成員などは、学内規程であらかじめ明確にしておくことが一般的です。しかし、大学を取り巻くさまざまな課題に対応するために委員会を単純に増やしてしまうと、学部やセンターなどとの関係が複雑になり、議論に時間がかかるだけで何も決められないという事態も起こりえます。

　教学組織を円滑に運営するためには、学長と教職員の間に設けられたさまざまな役職や会議が設置された背景と目的を確認し、環境の変化に応じてそのつど見直していくことが必要です。

3　学内組織の特徴を理解する

(1) 指示命令系統が明確ではない教員組織

　大学教員は、法学部や理学部といったそれぞれの専門分野にあった学部などの**部局***に属することが一般的です。部局の定義は大学ごと定め

られていることが一般的です。学部以外にも基礎教育センターといった学生の所属していない組織も部局として定めている場合もあります。一方で、部局という言葉をあまり使用しない大学もあります。

　部局の中では、学部長やセンター長など、組織を取りまとめる部局長という役職があります。学校教育法第92条では「学部長は、学部に関する校務をつかさどる」と定められています。

　部局長を決める場面においても、合議制の影響で意向投票や輪番制で形式的な選考を行う場合もあり、部局長がリーダーシップを発揮することが容易ではない大学もあります。部局の中は、企業組織のように指揮命令系統が明確ではなく、部局長とほかの教員は比較的対等な関係に近いといえるでしょう。

　そのため、学部長の実質の権限は限定的な場合が少なくありません。たとえば、学部全体でカリキュラムを見直し、学部共通科目の新設などを学部長として提案したとしても、教授会で数名の教員から、授業コマ増加の負担などの理由で反対意見があれば、カリキュラムの見直しが先延ばしになってしまうような事例は見られます。

　部局長の権限は、大学によってさまざまですが、学長が副学長や学長補佐を設けるように、副部局長や部局長補佐などを設け、そのメンバーで執行部を組織し、部局内の調整を円滑に行うなど、合議制組織の中でリーダーシップを発揮する方法を検討する必要があります。

(2)　連携が苦手な職員組織

　大学教員と比較して、大学職員の組織は指揮命令系統が明確といえるでしょう。この指揮命令系統は、規程などで明確に定められ、組織内のすべての大学職員はそれにしたがって仕事をするため、あらかじめ定められていない仕事に対応することが苦手という特徴をもっています。そのため、指揮命令系統の上位者が組織内の業務分担のあり方を絶えず改善することが必要ですが、それを怠ってしまうと縦割りで融通の利かない組織となってしまいます。

　たとえば、外国人留学生向けに学内サイトを多言語化しようと委員会で教員から提案された場合で考えてみましょう。この場合、職員組織は「学内サイトの構築は情報システム課」「コンテンツは教務課」「留学生対応は国際課」と自分の担当ではないことばかりを主張して、結局はどの職員組織も教員からの提案を引き取ってくれないといった事例もあります。

　一般的な職員組織は、部署と部署の間にまたがる仕事を扱うことは苦手です。野球でいえば三遊間のゴロを拾いに行くような仕事とたとえることができるでしょう。三遊間のゴロを拾える組織へ変革させるためには、指揮命令系統の上位者である管理職が、減らせる仕事を減らし、新しい課題に柔軟に対応するために必要かつ具体的な指示を的確に下していくことなどが必要です。また、個々の職員も、大学全体としてどうすべきなのかという観点をもって業務を行わなければなりません。

(3)　学外関係者の知見を運営に活かす

　大学の運営にあたり広い視野からの知見を取り入れるために、学外の有識者を理事などの役職者とすることがあります。産業界の動向や、法律や経営などの専門的な視点からとらえた大学の課題を指摘したり、その解決に導くための助言をしたりすることが期待されています。

　しかし、必ずしも学外関係者の知見をうまく活用できない場合もあり

ます。たとえば、教育の視点を踏まえず経営の視点ばかりが重視された意見であれば、大学としては受け入れにくいでしょう。大学には教員組織と事務組織という異なる特徴をもつ組織が共存しており、教育、研究、そして経営のどの側面を重視するかは、立場によって異なるためです。自身の声があまりに受け入れられないようであれば、学外関係者は大学側の意思決定や意見の反映に不満をもってしまい、大学のイメージ悪化にもつながりかねません。学外関係者の知見を取り入れようとする際には、双方にとって不利益になってしまうことを避ける必要があるでしょう。

　少なくとも、「学外の声を聞いている」というパフォーマンスを見せるだけの理由で学外関係者を受け入れることは望ましいとはいえません。学外関係者の知見に何を期待し、どのように運営に活かすべきかについて、組織として意識を合わせておかなければならないでしょう。

4　社会の中で存在する大学であるために

(1)　自らの力で改善する

　大学の制度は合議制を基本として設計されているため、企業組織のようにトップダウンで短時間で物事を進めていくことが苦手な組織といえます。そのため大学の諸活動に何か問題があったとしても、その改善に向けた提案が大学全体には響きにくく、問題を放置した結果、手遅れになってしまう場合もあります。たとえば、公的資金の不正使用が発覚し、その時点で不正防止の対策もせず再度発生してしまうと、その大学は自浄能力がないとみなされるかもしれません。また、入学定員を満たさない事態が続いているにもかかわらず実効性のある改革を行わなかったとすれば、その大学の安定的な経営は難しくなるでしょう。

　大学は、組織に横たわっているさまざまな問題を自らの力で改善する仕組みを設け、機能させることが求められているのです。

> **コラム　面倒クサイなりに理由がある**
>
> 　なぜこんな面倒な手続きが必要なのかと思うときがあります。規模にもよりますが、大学の業務は縦割りになりやすく、面倒な仕組みが生まれやすい環境です。そのため、大学は業務改善すべき種が溢れている組織といえますが、現在の仕組みを否定することから考え始めてしまうと、その後の調整で難航してしまいがちです。
>
> 　「業務改善」という旗を振り回し、理屈だけで調整を進めてしまえば、既存の仕組みに慣れ親しんでいる学内関係者と壁を作ってしまいます。そのため、なぜこのような面倒な仕組みになってしまったのかを注意深く観察することが必要です。また、過去資料の確認だけではなく、当該業務の経験者や先輩方とのコミュニケーションを大切にしておけば、「今になって仕組みを変えることは面倒だけれども、しょうがないね」と笑いながら助けてもらえるようになるかもしれません。
>
> 　気のあう同世代とばかり集まるだけでは、上記で述べたような円滑に調整するコミュニケーションは生まれません。幅広い世代とコミュニケーションをとるように心がけてみましょう。

(2) 監事による監査を活かす

　どのような組織であっても、年数が経過すれば、汚職の芽や業務の遅滞などの課題が発生する可能性があります。それを未然に防止して健全な組織運営を継続するため、国公私立すべての法人に**監事***を置き、定期的に**監査***を行うことが法令で定められています。企業の監査役は、企業の活動のすべてを対象にして監査しますが、大学は経営と教学を分けて考える文化から、財務監査を中心に行います。業務監査に関しては、主に**コンプライアンス***に違反していないかを確認しています。

　監事の監査は、不正を取り締まるだけでなく、組織が継続的に活動するための課題を洗い出し、改善に結びつけることが本来の目的です。それは教学の領域であっても例外ではありません。教育研究にも振り返りと改善は重要ですが、そのためには監事の体制を充実させる必要があるでしょう。

(3) 理念を具体化する

　受験人口が右肩上がりの時代の大学運営は、建学や設置の理念を道しるべとして、それぞれの大学の文化を尊重しながら、目の前の課題にそのつど対応することで問題はありませんでした。しかし、大学を取り巻く環境の変化は速く、そのつど対応していては安定的な運営が難しくなるでしょう。そのため大学は、将来のあるべき姿を改めて自律的に検討し、それに向けて学内のあらゆる活動をどのように進めていくかについて数値目標などを含めて精緻に計画するように求められています。たとえば、国公立大学には、6年を期間とする中期計画を策定することが義務づけられています。

　企業組織の形態の1つである株式会社では、社会からどのように受け入れられ、組織を維持するための収益をどのように得るかという企業の全体構想を描き、出資者である株主に説明し承認を得る必要があります。それに対し、大学という組織では、株式会社のような説明をし、承認を得る対象が漠然としているため、全体構想の中身がぼやけてしまう場合があります。また、合議制を基本としている組織であるために、理念論に傾きがちで、具体的な行動目標が欠けている場合もあります。全体構想を描き、実行するためには、それぞれの大学運営の特徴を客観的に理解し、執行部がリーダーシップを取れるような工夫が必要です。

第7章　大学の意思決定

1　制度上の意思決定の仕組みを理解する

(1)　大学には自治がある

　大学を理解するためには、公式、非公式両方の意思決定の仕組みを理解することが重要です。ここではまず、制度上の仕組みの概要をみていくことにしましょう。

　教育基本法*の第7条第2項において「大学については、自主性、自律性その他の大学における教育及び研究の特性が尊重されなければならない」とされているように、大学の運営や**教学***のあり方は、それぞれの大学に大きな裁量が与えられています。つまり、大学は独自に意思決定を行う権限があるといってよいでしょう。これは、日本国憲法で**学問の自由***が保障されており、その制度的な裏付けとして**大学の自治***が必要であるためと考えられます。この大学の自治という精神は、中世ヨーロッパの大学以来の伝統であり、今日の大学にも継承される重要な理念となっています。

　しかし、大学には自治があり、独自の意思決定が可能であるとはいえ、すべてが自由に決められるわけではありません。大学はその時代の社会制度に組み込まれた存在であり、実際には外部からのさまざまな制約や影響を受けています。政府、文部科学省、設置者、高等教育政策、18歳人口の動向、労働市場、国際情勢などからの直接的、間接的な影響を無視することはできません。

(2) 法令上の仕組みは確立されている

　日本の大学における運営の仕組みは、国立、公立、私立に共通する**学校教育法***により定められる規定に加え、設置者により異なる国立大学法人法や私立学校法などによる規定があります。

　学校教育法では、**学長***や学部長の職務や**教授会***を置くことなどが定められており、特に「学長は、校務をつかさどり、所属職員を統督する」（学校教育法第92条第3項）とあり、最終的な責任者としての権限に言及しています。また、学生の入学、卒業、**学位***の授与といった「教育研究に関する重要な事項」（同93条第2項）の審議機関として、教授会が位置づけられています。

　法令においては、学長に非常に大きな権限があるということがいえるでしょう。特に国立大学では、学長が法人を代表するうえに、経営・教学両面の責任者でもあり、学長のリーダーシップの体制が整えられています。それに対し、教授会は議決機関ではなく審議機関であり、学長に審議の結果を伝える役割にとどまっています。

2　大学の組織的な特徴を理解する

(1) 大学は組織の集合である

　法令上の仕組み通りに大学の意思決定が行われ、それのみによって大学が機能しているのでしょうか。現実には、大学の設置の経緯、学部の自治の伝統、教員の行動様式、職員の組織文化などさまざまな要素が絡んで、実際の意思決定が行われるのが一般的です。

　たとえば、教授会における学部の構成員の自治意識は強く、法令上は審議機関であっても、教授会によって実質的に意思決定がなされている場合も少なくありません。また、大学が大変複雑な機能や組織をもっていることを考慮すると、学長が大学のすべてにおいて決定を行うことは

> **コラム　総論賛成各論反対**
>
> 　政治の世界でよく聞かれる言葉に「総論賛成各論反対」というものがあります。誰もが財政赤字を縮小させることに賛成しても、個別の予算が削られることには反対が噴出するものです。
> 　大学においても似たような事態がたびたび起こります。大学関係者は、そのことがわかっているがために、大学の方針は抽象的で多くの部署が合意できる曖昧な文言に収まりがちです。逆にトップダウンで明確な方針を打ち出したところで、周囲は表面上したがいながら内容面では骨抜きにしてかわす術を身につけています。
> 　おそらく、方針だけで機関全体が合意して取り組むということは相当に難しいことなのでしょう。もちろん方針は必要です。加えて、それを支える予算、人の配置など総合的な施策、それらを含めたトップの本気度が構成員に芯から伝わることが重要であると感じます。

現実的ではありません。学長は、最終責任者としての役割を担いながら、実質的にはそれぞれの現場に権限を委任していると理解することもできます。

　大学の意思決定がどのようになされるかは大学によって一様ではありませんが、**理事会**＊などの経営側、学長を中心とする大学執行部、評議会や委員会などの学部などの代表者による全学の会議、学部の教授会などの相互関係が重要なポイントであることは共通しているといえます。大学の意思決定の特徴は、多くの場合、それらの利害の調整に重きを置かれることが多く、したがって、総論で賛成できることのみが決定され、後に各論の部分で対立することもたびたび起こります。

　大学の意思決定を理解するために、大学がさまざまな組織の集合体であり、それらが複雑な階層をなしていることを認識しておきましょう。

(2) 歴史的な経緯は無視できない

　日本の大学の意思決定の構造は、どのような歴史的経緯を前提としているのでしょうか。その起源の1つは、**帝国大学**＊の**講座制**＊にあると考えられます。講座とは、専門分野ごとに教授が配置され、そのもとで

教育研究が行われる仕組みで、専門分野の維持と発展や研究の後継者育成などの機能を担います。学部は複数の講座から構成されていますが、特定の専門分野を有する講座は、一定の自治や治外法権的な行動をとるようになります。講座は、特定の専門家集団ですから、別の専門家集団が口を出せないのです。似たようなことは、学部と学部の間にも成立します。

　帝国大学の本部の事務局は文部官僚を中心に運営されており、大学全体の運営と個別の専門分野の自治という住み分けが定着し、今日にいたる多くの大学のモデルとなりました。

　また、戦後に原則として県に1校ずつ国立大学が置かれることになり、それまで異なる特徴をもっていた大学、師範学校、専門学校、高等学校などの旧制高等教育機関が統合されることになりました。つまり、大学があって、そのもとに学部があるのではなく、いくつかの学部が集まって結果的に大学を構成することになったという見方もできます。

　大学の事務部門についてはどうでしょう。戦後も、本部の事務局は官僚構造を継続し、予算の配分や管理運営の行政業務においては、実質的に大学運営を担ってきました。**大学紛争***の時代に、大学の運営体制の改革の議論が起こったものの、大きな改革は断行されず、事務部門が表に出ない文化は継続されることになりました。

(3)　設置者から大きな影響を受ける

　大学は設置者から大きな影響を受けます。国立大学は学校教育法において広義の意味で国が設置者であることが示されており、文部科学省の影響が大きいという特徴があります。実際のところ、概算要求を伴う組織の改編などは、大学独自に意思決定を行うことはほとんどできません。文部科学省との事前の非公式の折衝が必要であり、大学の自律性が高いとはいえません。法人化後、**競争的資金***の獲得などにおいても政策が強くはたらき、大学の意思決定に与える文部科学省の影響力はむしろ強まる傾向にあるという意見もあります。

公立大学は、運営や改組に関して、設置者である地方公共団体の首長や議会の影響を直に受け、設置者によって意思決定が主導される場合が多くあります。

　私立大学は、**納付金**＊が収入の柱であり、国から一部の助成を受けているものの、文部科学省の影響は国立大学に比べると限定的です。私立大学は、**理事長**＊の影響が非常に大きい大学もあれば、学長が理事長を兼ね、大学と理事会が一体化した場合もあるなど、設置者である学校法人と大学との関係はさまざまです。

⑷　事務部門も意思決定を行う

　大学では、事務部門の内部だけで意思決定がなされることもあります。ほとんどの大学では、事務部門は、学長を中心とした教員集団とは異なる指揮系統、人事管理のもとにあります。大学の組織図をみると、学部や**大学院**＊とは別の系統図で、総務部、財務部、学務部などの事務組織が配置されていることからも見てとることができるでしょう。大学職員の異動など、事務組織が内部で独自に意思決定を行い、実行することになっています。

　大学の事務部門は**官僚制**＊を基本としており、上意下達の指揮命令系統をもちます。しかし、国立大学に見られるように、組織が巨大化し、幹部職員が大学間や文部科学省との異動を頻繁に行う場合などは、事前段階で現場に精通する大学職員によって、部署間での調整が周到に行われていることも多いでしょう。

3　大学の意思決定を一般化して理解する

⑴　ガバナンスとマネジメント

　大学改革の議論において、しばらく前までは、大学のマネジメントが、その後、大学の**ガバナンス**＊が提唱されるようになってきました。

そもそも、それらの用語は、具体的にはどのような意味で使われているのでしょうか。2014年の**中央教育審議会***による「大学のガバナンス改革の推進について」（審議まとめ）では、ガバナンスという用語を「教学及び経営の観点から、法令上設けられている各機関（学長、教授会、理事会、**監事***など）の役割や、機関相互の関係性」を扱っているとしています。つまり大学において、意思決定を制御する組織的な仕組みがガバナンスであり、そのもとで実際の大学運営を行うことがマネジメントということになります。とはいえ、両者は不可分のものであり、別々に考えることができない部分もあります。

昨今の大学改革の議論の中で大学のガバナンス改革が要請されているのは、学長がリーダーシップを発揮するマネジメントが必ずしも機能しておらず、それは大学のガバナンスに問題があるからだとの意見を受けたものです。大学の意思決定は、構成員の合意を重視するため、迅速な改革が実行できないばかりか、見方によっては責任の所在が不明確であるとされています。

また、教育改革の場面では、**アクティブラーニング***、**科目ナンバリング***、授業外学習時間の増加など個別の改革の実施だけではなく、それらを束ねる全学的な教学マネジメントこそ重要であるとの指摘もあります（小林 2012）。

(2) ゆるやかにつながっている

大学にとって、ガバナンスもマネジメントも重要であることを否定する人はいないでしょう。しかし、そのことで合意が得られたとしても、ガバナンスとマネジメントを確立することは必ずしも簡単ではありません。

まず、大学とはどういう特徴をもつ組織なのかを考える必要があります。そこで、大学を**ルースカップリング***というモデルでとらえる考え方は参考になるでしょう。ルースカップリングとは、組織を構成する数々の要素がゆるやかにつながっている状態を指しています。大学には、

学部、大学院、事務組織など目的や性質が異なる多くの組織があり、さらには、教員、職員、学生などの多様なコミュニティが存在します。それらの組織や集団が、明確な指揮系統のもとに統合されているのではなく、ゆるやかに結びついて大学を形成しているのです。ルースカップリングによる組織は、所属の長の指示が利きにくい反面、大学のように創造性が発揮されることが期待される組織には、適したシステムとも考えられています。

要するに、企業をモデルにしたり、官僚制をモデルにしたりして、タイトカップリングとしての大学を組織化しようとすることは、一面においては無理を生じさせ、必ずしも教育研究のパフォーマンスの向上につながらないことがあるのです。大学においてルースカップリングは、克服するものではなく、受け入れ理解することで効果的な運営が達成されると指摘されています（バーンバウム 1992）。

(3) シェアードガバナンスという考え方

大学の組織を理解するために、ルースカップリングのモデルが有効であるとすれば、どのようなガバナンスがありうるのでしょうか。そのヒントの１つに、アメリカの大学で採用されている**シェアードガバナンス**＊（共同統治）という考え方があります。

シェアードガバナンスは、「執行部と評議会が並列する形で教員のガバナンス参加を保証するとともに、相互に対するチェック＆バランスを機能させている。複数の主体が大学の意思決定に関与し、重層的に議論を行い、さまざまな決定を行っていく過程」（福留 2013）とされています。また、特定の役割や決定権を委任することを通して、大学の執行部と教員集団がガバナンスを共有しています。

このように、シェアードガバナンスでは、理事会、執行部、教員などの役割を明確にすることで、教学の面では現場に権限が委任されると同時に、予算や学部の設置などの長期計画については権限を集中させ、効率化を図ります。一方、学内の合意形成については、非常に長い時間を

かけることもあります。

(4) 学長によるリーダーシップ

　アメリカの大学と比較すると、日本の大学、特に国立大学の学長は、制度上は非常に大きな権限を有していることになります。それでは、日本の大学の学長は強いリーダーシップが発揮できているといえるのでしょうか。

　大学改革の議論において、学長のリーダーシップは常に話題にのぼり、そのためにガバナンス改革が必要であるとされています。しかし、そもそもリーダーシップとはどのように理解することができるのでしょうか。

　リーダーシップには多様な考え方があります。ただ、それぞれの組織文化を背景に、組織の構成員との相互関係によって成り立つということはいえるでしょう。つまり、リーダーシップは、メンバーによるフォロワーシップと一体のもので、リーダーだからといって、組織を自由にコントロールできるわけではありません。学長といえども、大学の歴史、学部との関係、教員の行動様式などの制約を受けているのです。

　したがって、リーダーにできることは限定的だともいえるでしょう。リーダーシップは、フォロワーとの信頼関係や組織文化を背景にしてはじめて機能するからです。

　同時に、リーダーの役割は重要であるともいえるでしょう。大学の方

向性を示すこと、部署を越えた調整を行うこと、対外的に大学を代表することなど、スクラップアンドビルドを実施すること、現場に権限を付与・委任することなど、リーダーにしかできない役割があるからです。

4 意思決定における非公式の機能を理解する

(1) 教授会の権限と実態

　そもそも教授会とは実際にはどのような組織で、どのような機能を果たしているのでしょうか。教授会は、ある程度の自治権をもった学部や研究科ごとに置かれます。本部直轄の推進室やセンターには置かれないのが一般的です。助教、職員もその構成員になることは可能ですが、一般的にはその学部のすべての教授、もしくは教授と准教授によって構成されます。教授会の構成員同士は、基本的に対等の立場です。学部長は、教授会の構成員の互選によって選ばれ学長が追認する形をとる場合や学長が直接任命する場合があります。

　教授会では、学生の入学や卒業などの学籍に関すること、教育課程に関すること、学位の授与に関することなどの学校教育法で定められた内容に加え、学部内のさまざまな内容を審議します。通常、月に1回程度開催され、場合によっては、午後1時に始まった会議が夕方まで続けられることもあります。

　制度上、決定権者である学長などに対して意見を述べる関係にある教授会が、実質的には議決機関に近い機能をもっているのはなぜでしょう。学校教育法が改正され、教授会の役割が明確化したのは2015年度からですが、その後もこれまでの慣行が継続されている事例が少なくありません。教授会の役割が法的に明確化されたとはいえ、実質的にはこれまで同様、非公式な形で権限を委任されていると考えることもできます。

　学部同士の壁の存在や機動的な意思決定の欠如などの欠点を抱えつつも、同僚集団である教員の行動様式に加え、事実上、学内制度において

も法令上においても学部が重要な単位として機能している以上、教授会は大学において重要な役割を担うでしょう。

(2) 委員会の合意形成の機能

　法令上の規定はありませんが、学内の意思決定を行う際に重要な機能を担っているのが、学部などの代表者が集まる各種委員会です。分野ごとに、教務委員会、学生委員会、予算委員会、大学評価委員会などが設置され、学長、学部長が集まる委員会や、その下部委員会で構成される場合などがあります。

　学年暦のように全学部に関係する事項については、たとえば教務委員会で審議するほか、学部に持ち帰って意見を取りまとめ、その後、調整の期間を設けるなど、数ヵ月以上の審議を経ることもあります。

　委員会でどのような案件が議題としてとりあげられるのかの明確な基準はありません。委員会の規程、例年の慣行、案件の重要度、全学への影響などが総合的に判断されて、委員会の議題となります。また、委員会で検討した結果を、上位の会議や部局の会議などに付議するのか、それとも報告事項として伝えるのかといった判断も総合的な検討が必要です。

　大学は学部によって構成されていますが、学部間、学部と大学本部との関係については、学校教育法にも大学設置基準にも規定されていません。大学の意思決定の前提となる大学内の合意形成については、委員会が時間と労力をかけて行っています。

(3) 大学職員の意思決定への参画

　大学職員は大学としての意思決定の場に正式な会議の構成員として参画することが少ないかもしれません。しかし、委員会や教授会の資料の作成だけではなく、そもそも何を委員会や教授会の議題にすべきかを提案したり、打ち合わせなどを含め会議の準備を行ったり、実質的には意思決定への関与が大きいとも解釈できます。実際の会議においても、陪

> **コラム　IR は意思決定にどうかかわるか**
>
> 　大学の意思決定を支えるために、IR（インスティテューショナル・リサーチ）が推奨され、インスティテューショナル・リサーチャーの配置や専門部門の設置に関する議論が続いています。意思決定の前提となる情報の収集や分析が必要なことに異論を挟む人はいないでしょう。
> 　ただし、IR は執行部などの大学の意思決定者を支援することが主な役割で、IR から必然的に1つの意思決定の結論が導かれるとは限りません。たとえば、オープンキャンパスの参加者の増加が大学への志願者の増加につながっていないという分析自体が正しかったとしても、その結果、オープンキャンパスの日数を縮小するのか、地域の高校への社会貢献の場として取り組みを継続するのか、志願者増に直結する別の取り組みを実施するのかなどさまざまな対応策の可能性があります。1つの分析から複数の結論が導かれるどころか、正反対の結論を導く可能性すらも想定されます。
> 　今後、ICT がますます進歩し、さらに活用されるようになると、蓄積されたデータも増大し、分析できる内容も高度になっていくでしょう。そこから新たな知見も広がることが予想されます。しかし、IR 組織を作れば迅速で的確な意思決定ができるということではなく、データや分析を活かすためには、大学に関する知識やセンス、組織内での大学の目的の共有、大学の意思が学内に正確に伝わる仕組みなど、IR 以外の部分で取り組まなければならないことも多いように感じています。

席している職員が、事案の詳細な説明を求められ、議論を誘導することもめずらしくありません。また、文部科学省や設置者である地方公共団体や学校法人との折衝なども職員が主体的に関与します。名目上、会議の構成員になっていない場合でも、職員の働きなしで大学が運営できないことは、教員、職員とも共通の認識になっているのではないでしょうか。

　大学の意思決定の場面において、職員の活動の難しさの要因の1つは、事務局長などの事務部門のトップを中心にした指揮系統に所属しながら、教員集団の合意形成に関与していかなければならないという立場にあります。学部に所属する職員に置き換えると、学部長を中心にした指揮系統と本部の事務組織を中心にした指揮系統の両方に関係することになります。職員が大学の意思決定に関与するとき、異なる指揮系統、異なる

組織文化の間をうまく調整し、障壁を1つ1つ取り除いていく工夫が必要となることが多いのです。

(4) 合意形成のプロセスが重要である

　大学においては、制度上の意思決定の仕組みの通りに運用されない場合があります。なぜなら、ルースカップリングを特徴とする大学組織では、トップダウンが効果的に機能する場合は稀だからです。一部にはトップダウンに近い形で意思決定が行われることもありますが、その際は全学的な波及に苦労することもあるでしょう。

　したがって、非公式の歴史的慣行も含め、学内の合意形成の過程を重視した意思決定の仕組みを重ねながら、最終的な大学の決定へとつなげていきます。ときには、外部からのさまざまな制約や影響を受け、またはそれを「外圧」と呼んで利用する形で、合意形成がなされることもあります。

　もっとも、これまで合意形成の過程を重視していた大学においても、トップダウン型の迅速な対応が必要な事例は増加しています。それが機能するためには、トップの役割の明確化や、新たな事業に対する人員の配置や予算による裏づけなど、総合的な取り組みが必要でしょう。

第8章 大学教員の特徴

1 大学教員の行動を理解する

(1) 大学教員の不思議な言動

　「あの教員はなぜ自分勝手なことばかりいうのだろうか」「あの教員はなぜ大学の行事より**学会***の出張を優先するのだろうか」「あの教員はなぜ学部長の指示にしたがわないのだろうか」などの疑問を抱いたことはありませんか。大学教員の言動は世間から見ると、不思議なことがたくさんあるかもしれません。

　大学運営を進めるためには、大学教員がどのような職業上の特徴をもっているのかを正しく理解する必要があります。とりわけ大学執行部や大学職員にとって、大学教員の行動原理を理解することは協働を進めるうえで重要になるでしょう。

(2) 統計から大学教員の特徴を理解する

　基本的な統計から大学教員の特徴を理解することができます。表8-1は、国公私立大学の職階別の大学教員数を示しています。2018年現在で約19万人の大学教員がいることがわかります。1998年には教員数が約14万人だったので、この20年間で大きく増加したことがわかります。ただし、今後は18歳人口の減少に伴い全体の学生数も減少する傾向にあるため、今後の教員数の増加は期待できないでしょう。

　教授の人数が准教授、講師、助教、助手の人数と比較して多いことも

表 8-1　大学の教員数

	国立			公立			私立			計		
	男	女	計	男	女	計	男	女	計	男	女	計
学長	83	3	86	75	16	91	509	66	575	667	85	752
副学長	399	40	439	112	20	132	760	109	869	1,271	169	1,440
教授	19,147	2,200	21,347	3,681	1,007	4,688	35,124	8,565	43,689	57,952	11,772	69,724
准教授	15,155	3,029	18,184	2,832	1,120	3,952	15,294	6,703	21,997	33,281	10,852	44,133
講師	4,161	1,172	5,333	1,168	619	1,787	9,950	5,483	15,433	15,279	7,274	22,553
助教	14,319	4,275	18,594	1,765	985	2,750	13,618	7,737	21,355	29,702	12,997	42,699
助手	218	361	579	201	239	440	2,098	2,745	4,843	2,517	3,345	5,862
合計	53,482	11,080	64,562	9,834	4,006	13,840	77,353	31,408	108,761	140,669	46,494	187,163

出所　文部科学省（2018）『平成30年度学校基本調査』より筆者作成
注　短期大学や高等専門学校の教員はこの表には含まれていません

わかります。大学教員における教授の割合は、アメリカ、イギリス、フランス、ドイツでは約20％程度であるのに対して、日本では約40％です（潮木 2009）。日本の大学の教員組織は、極端に上位職の多い逆ピラミッド型という特徴をもっています。

　また、女性教員は全体で約25％です。大学における男女共同参画の推進に伴って女性教員は増加傾向にありますが、国際的には依然として低い水準にあります。特に上位の職や国立大学において女性教員の比率が低いことがわかります。また、理系分野において女性教員の比率が低いことも指摘されています。女性教員の少ない教員組織は、知らず知らずのうちに男性中心の組織文化を形成している可能性があります。

(3) 多様な大学教員が存在する

　大学教員の特徴を理解する際には注意が必要です。全国にいる約19万人の大学教員は、実に多様であるということです。個々の価値観による違いもありますが、職位、性別、年齢、任期の有無によってもその特徴は異なるでしょう。また、1人で研究を進めている大学教員なのか、チームで研究を進めている大学教員なのかによってもその特徴は違うでしょう。さらに最近では、官僚や産業界出身者も増えており、彼らは従来の伝統的な大学教員とは異なる特徴をもつでしょう。

このように大学教員には大きな個人差があるということを念頭に入れなければなりません。「大学教員なのだからこのような特徴をもっている」と決めつけずに、個々の大学教員を理解することが大切です。とはいえ、多くの大学教員に共通した特徴もあります。ここでは、多くの大学教員に共通した特徴に着目します。

2　大学教員は専門職である

(1)　特別な専門職である

　大学教員という職業は、大学に所属して学術活動に従事する**専門職***です。高度な専門的知識に基づいて活動する、公共の利益を第一義的に重視する、活動に一定の裁量が与えられているといった専門職に共通する特徴をもっています。
　一方で、一般的な専門職とは異なる特徴ももっています。その1つは、弁護士や医師といったほかの専門職を養成していることです。このように、専門職を養成する専門職という性格を備えているため、大学教員は**キー・プロフェッション***と呼ばれることもあります（Perkin 1969）。

(2) 専門性が高い

　大学教員は、高度に体系化された専門的な知識や技能に基づいて活動します。そのため、職に就くまでには、**大学院**＊などにおける長い期間の準備教育を必要とします。また、大学教員に採用されてからも学会に所属し、研究成果を発表し研究者間で交流することで、専門的な知識を深めていきます。

　大学設置基準＊において、大学教員の資格要件が職階ごとに定められていますが、それらはあくまでも大学教員になるための最低条件に過ぎません。実際の採用数は、有資格者数によって決まるわけではありません。大学教員は、医学科卒業生の大半が医師国家試験に合格し医師になるような養成制度とは異なった形で養成されているのです。近年では大学教員の採用数は限られているため、1つのポストの公募に対して100名以上の応募者がいるといった場合もあり、実質的な採用基準は高い傾向にあります。

　大学教員は高い専門性をもつため、大学職員のように定期的な人事異動は基本的には行われていません。たとえば、文学を専門としている大学教員を文学部から工学部などに異動させることはありません。大学教員は、その専門性によって大学内における所属先や役割が定まるのです。大学教員は、大学内の人事異動よりも大学間での転職のほうがむしろ一般的といえます。

　個々の大学教員の評価も専門性が高いため簡単ではありません。現在では学問分野が細分化されており、分野が異なる大学教員の評価は非常に難しいです。そのため、教員評価を実施する大学においては、個々の論文や著書が学問分野においてどの程度の価値があるのかを正しく判断することは難しいため、論文数といった量的指標が評価において用いられることになります。

表 8-2　大学教員の 4 つの使命

発見	研究によって新しい知識を構築する
統合	学問分野を越えて知識の意味を解釈する
応用	社会の現実的課題の解決を支援する
教育	次の世代に知識を効果的に継承する

出所　ボイヤー（1996）より著者作成

(3)　職務が幅広い

　大学が誕生した中世では、主に専門職を養成するための教育活動が大学教員に期待されていました。その後、19 世紀になると研究活動が大学教員の役割として期待されるように変遷しました。さらに現在では、教育と研究という長期的観点からの社会貢献にとどまらない、地域貢献、**産学連携***、国際協力などの直接的な社会サービスも期待されるようになっています。このように現在の大学教員の職務は、以前の大学教員の職務より広範囲になっています。

　採用や昇進などを目的に大学教員の活動を評価する際には、大学教員の研究活動を中心に評価することが多いでしょう。これは、「研究面において優れた大学教員であれば、教育面などにおいても優れているであろう」という考えが前提になっています。

　しかし、現在では、優れた研究者が必ずしも優れた教育者ではないことが多くの調査研究によって明らかになっており、優れた研究者であり優れた教育者であるために、それぞれの努力が必要であることが指摘されています（Hattie and Marsh 1996）。

　研究業績中心の評価制度については、研究以外の大学教員の活動を大学が軽視しているという批判もあります。大学教員には、発見、統合、応用、教育の 4 つの使命があり、それぞれの役割を適切に評価することが大学教員の全体的なキャリア形成において重要であると指摘されています（ボイヤー　1996）。

　大学教員の幅広い業績を評価していこうとする大学も増えてきていま

す。たとえば、教育、研究、社会貢献、運営についての教員評価を毎年実施する大学もあります。また、採用の過程で応募者に模擬授業をさせたり、教育の実績をまとめた**ティーチング・ポートフォリオ***を提出させたりすることで教育活動を評価する大学もあります。

(4) 裁量が大きい

大学教員には活動を進めるうえで大きな裁量が与えられています。これは専門職がもつ特徴といえます。大学教員自身の専門性に基づいて教育研究に従事することができるのです。

教室の中で何をどのように教えるのか、どの学生に単位を与えるのかなどについては**カリキュラム***や各種規則などによって一定の組織的な方針はあるものの、実質的には担当教員の判断に大きくゆだねられているといってよいでしょう。また、研究活動においても自身の好奇心や専門性に基づいて進めることができます。

多くの大学教員の労働形態は**裁量労働制***です。業務遂行の手段や方法、時間配分などを労働者の裁量にゆだねる必要がある職業であると考えられているからです。

一方、活動を進めるうえで一定の裁量を与えられるがゆえに、大学教員としての自己規制も同時に求められます。たとえばクローン技術に関する研究や軍事利用に直結する研究などは、倫理的に自己規制が求められます。高度な知識や技能を有し、その活動が社会に大きな影響を与えるからです。

(5) 活動に際限がない

大きな裁量を与えたら、何もしない大学教員が出てしまうのではないかという疑問もあるかもしれません。確かに、何年もの間まったく研究しない大学教員や、同じ講義ノートを使って担当する授業を改善しない大学教員の事例が雑誌記事などで紹介される場合もあります。しかし、それらは稀な事例のようです。全国の大学教員を対象とした調査の結果

に基づくと、大学教員の1週間における労働時間は、学期中において平均50時間を超えており、国際的にも長いことが報告されています（有本 2011）。

教育や研究などの活動は、ここまでやれば十分といった境界があいまいです。そのため、活動が無制限に拡大する可能性があります。特に研究活動は、自らの知的好奇心ややりがいと結びつくため時間を忘れて没頭することがあります。また、時間で区切られているようにみえる授業であっても、授業に備えて準備をしたり、個々の学生のレポートに丁寧にコメントしたり、学生の相談に応じたりするなど、学生の学習を促進するための活動に際限はないといえます。

3 自立性を支える慣行と制度がある

(1) 学問の自由が保障される

大学教員の行動を特徴づける重要な概念の1つが、**学問の自由***です。学問的活動は知的好奇心に基づくものであり、外部の権威から介入や干渉をされることなく自由に行われるべきであるという考え方です。

学問の自由という考え方は、世界中に普及しており、日本においては日本国憲法第23条において、「学問の自由は、これを保障する」と規定されています。学問の自由は、大学の外部から自動的に与えられたものではありません。長い大学の歴史において大学教員がさまざまな権力と対峙しながら確立してきたものです。

(2) 終身雇用で守られている

多くの大学教員は、定年まで雇用され続けるという終身雇用が保証されています。大学教員の終身雇用資格を**テニュア***と呼ぶことがあります。終身雇用は、日本の正社員雇用における慣行と考えられるかもしれません。それに加えて、大学教員の終身雇用は、学問の自由を保障する

手段としても位置づけられます。たとえば時の権力者にとって好ましくない内容を公表することで、職を失ってしまう可能性があるならば、安心して挑戦的な教育研究をすることができないからです。終身雇用は、自由な教育研究ができる環境を整えるための身分保証なのです。

一方、終身雇用の制度は変わりつつあります。大学教員の流動性を高め教育研究が活性化することを目指して、教員の任期制を導入する大学が増加しています。アメリカの大学の制度を踏まえて、審査を経て安定的な職を得る前に、任期付きの雇用形態で経験を積む制度を導入する大学もあります。このような雇用制度の変化が、自由な教育研究ができる環境にどのような影響を及ぼすのかは注視する必要があるでしょう。

(3) 組織構造が平らである

多くの教員組織は平らな構造という特徴をもっています。大学は歴史的にも**ギルド***という同業組合から始まった組織であり、構成員の互いの平等を基本として、民主的で同僚的な運営が行われていました（横尾 1999）。学部長などは、対等なるものの筆頭者と位置づけられ、権限も限定され任期も短かったようです（バーンバウム 1992）。

現在の教員組織も組織上の階層が少ないことが特徴といえます。学部には学部長や学科長などが置かれるものの、一般的に上司部下の関係は強いといえません。特に研究活動については、学部長や学科長の指示で研究を進める教員は少ないでしょう。研究の成果も学部長や学科長に報告するのではなく、論文や書籍などの形で広く社会に発信していきます。

日本の大学教員には、教授、准教授、講師、助教、助手といった職位がありますが、その職位によって業務内容が大きく変わるわけでもありません。教育研究を行うという観点では基本的には同じことが求められます。また、現在の准教授に相当する助教授の職務内容は「教授の職務を助ける」と 2007 年まで規定されていましたが、現在ではそのような規定はなくなり、より自立性の高い大学教員としての位置づけとなっています。

> **コラム　家を建てると祝福される理由**
>
> 　大学の近隣に家を建てたことを報告する教員に対して、「おめでとうございます。これで、われわれの大学の教員になりましたね」とうれしそうに祝福する執行部の教員の姿を懇親会などで何度か目撃したことがあります。
> 　所属機関を変える大学教員は一定の割合で存在するため、執行部の教員からすると、「別の大学に移ってしまうのではないか」と心配になるのかもしれません。そのため、家を建てることは、別の大学に移る可能性が大きく減少し、さらに多くの場合はローンを抱えるため職場へのコミットメントが高くなると考えるのでしょう。また、出身地が大学に近かったり職場が母校であったりする教員は、そもそも職場へのコミットメントが高いと考えられているようです。実際に、執行部の自校出身者の割合が高い大学や教職員の採用において自校出身者を重視している大学は少なくないでしょう。
> 　このことは、私にとっても他人事ではありませんでした。私は 2015 年に愛媛大学に移りましたが、愛媛大学や愛媛県にはこれまで特に縁もありませんでした。そのため、当初は「なぜ愛媛に来たの？」と何度も教職員に質問されたのを覚えています。初めはその質問の意図がよくわかりませんでした。しかし、その質問の背後に、職場や地域へのコミットメントに対する疑問があったのではないかと今では思います。確かに一度大学を転職した教員が、また別の大学へ転職するのではないかと考えるのは当然かもしれません。
> 　やりとりの中で家族とともに愛媛に来たことを伝えると、単身赴任の教員も少なくなかったため、うれしそうな顔をする人も多かったことを記憶しています。ただ、家は建てずに借家住まいの身なので、仕事の中身で信用を高めていくことが大切なのだろうと思います。

4　大学教員は組織の構成員である

(1)　専門職は指示では動かない？

　専門職の行動原理は一般的な職業人と異なることが指摘されています（ドラッカー 1965）。専門職は成果を上げるために何をすべきかを自分で判断できるため、他者に細かく指示されると意欲を失ってしまうといわ

れています。

 確かに大学教員の専門性の中核部分の教育研究については、その教員自身がもっとも専門の内容について詳しいので一任するしかありません。しかし、大学教員には大学運営や学生支援などの専門性の中核部分以外の業務もあります。また、必ずしも専門分野ではない授業を担当することもあるでしょう。そのような業務においては、組織の論理を理解して行動してもらう必要があります。

(2) 組織に所属する専門職

 大学教員は、大学という組織に雇用されてはじめて自らの専門性を発揮できる職業です。弁護士や医師は独立して法律事務所や病院を自ら開業することができますが、大学教員は基本的には大学という組織から独立することができません。

 組織に所属する専門職は、2つのコミットメントが求められます。1つは、専門的な能力を発揮するという専門職へのコミットメントです。もう1つは、組織の一員であることを大切にし、組織に対して忠誠心をもつという職場に対するコミットメントです。例をあげると、愛媛大学に所属する教育学を専門分野とする教員には「教育学を専門とする専門職である」と「愛媛大学の教員の1人である」という2つのコミットメントが求められるのです。大学教員は学会と大学の2つに所属すると言い換えてもよいかもしれません。

 大学教員が2つの責任を果たすためには、それぞれに対応する学習が求められます。専門職であるためには、どのような大学においても役立つ専門性を磨き続ける必要があります。一方、職場で業務を遂行するには、その職場独自の方針を学んだり、ほかの教職員の業務内容を理解したうえで協働したり、職場内の人脈を広げたりすることが必要になるでしょう。FD*には、専門職であるための学習と所属機関で働くための学習の両方が期待されるのです。

(3) 役割の葛藤を抱えている

　専門職と所属機関に対する2つのコミットメントによって、大学教員は時として個人の内面で葛藤することがあります。たとえば、学会の行事と大学の行事の日程が重なった場合にどちらを優先するのかといった場合です。

　専門職へのコミットメントの強い大学教員は「コスモポリタン志向」、職場に対するコミットメントの強い大学教員は「ローカル志向」と呼ばれます（バーンバウム 1992）。コスモポリタン志向の大学教員は独立した専門家や学者であることを重視するため、所属大学の行事より学会の行事のほうを重要と感じるでしょう。また、所属大学よりも条件がよい別の大学があれば、大学を移ることにも躊躇はないでしょう。一方、ローカル志向の大学教員は、所属する大学の教員であることを重視するため、所属大学の業務を重要と感じるでしょう。

　2つの志向の教員の割合によって、その大学の管理の形が異なることが指摘されています。たとえば、コスモポリタン志向の大学教員の割合の多い大学においては、組織内の官僚的な指揮命令で大学教員を指示するには限界があるといわれています（バーンバウム 1992）。

(4) 求められる組織の論理

　大学教員は、独立した専門職のように、業務やその運営の方法においてすべての裁量が与えられているわけではありません。大学教員の業務の中には、組織的に力を合わせて行うべき場面があるからです。

　たとえば学生への教育は、多くの教職員が協力して行う活動とみなすことができます。担当授業については大学教員にある程度の自由度が認められますが、授業目標、成績評価、学生の問題行動への対応などは、カリキュラムや各種規則などの大学の方針を念頭に置く必要があります。また、担当する授業は、多数の開講される授業の中の1つにすぎず、その授業の前に学生が履修した内容を踏まえ、その後に履修する授業につなげる役割があります。さらに、履修の管理、教室環境の整備、授業外の学習支援などを含めれば、大学職員とも協働していると考えることができます。

　大学教員は、大学に所属しているからこそ専門職として存在することができます。また、大学教員は組織に所属することで組織に守られているという側面も否定できません。このあたりまえの事実を、大学教員自身が自覚する必要があるでしょう。また、大学執行部や大学職員は、大学教員の2つのコミットメントを理解したうえで、大学運営や**教職協働***を進めていくことが重要であるといえるでしょう。

第9章　事務組織の特徴

1 事務を担う組織の構造を理解する

(1) 事務組織の根拠はどこにあるか

　大学に事務組織を設けることには法的な根拠があります。**学校教育法***の第 92 条において、「大学には学長、教授、准教授、助教、助手及び事務職員を置かなければならない」と記されています。また、**大学設置基準***では下記のように記されています。

> 　大学は、その事務を遂行するため、専任の職員を置く適当な事務組織を設けるものとする（大学設置基準第 41 条）。
> 　大学は、学生の厚生補導を行うため、専任の職員を置く適当な組織を設けるものとする（大学設置基準第 42 条）。

　事務や**厚生補導***は、職員だけが扱っているわけではなく、教員も扱っています。特に、厚生補導における教員の役割は大きく、総務部長は職員であるが、学生部長は教員という大学もあります。教員と職員の役割分担は大学によってさまざまですが、大学を取り巻く環境の変化に対応するため、教員と職員の役割分担は昔よりも単純に区別できなくなってきています。

　とはいえ、大学の構成員すべてを教員にして、事務や厚生補導の一切を担うことは現実的ではありません。人事労務や財務会計など、事務処

理ならではの煩雑さがあります。それらの業務をもっぱら担う職員が存在したほうが効率性も高まります。また、研究においては、外部機関との連携に関する事項を職員が担い、研究者である大学教員と協力することで、研究活動を効果的に推進することができるでしょう。

(2) 大学の事務組織は複雑である

　大学の組織は、学部・研究科といった教学部門と、総務・人事といった管理部門で構成されるのが一般的です。法人の中に複数の学校を有する場合は、法人を管理する部門の下に、各学校の教学部門と管理部門が存在する場合もあります。また、附属病院を管理する部門を別に設け、会計処理を大学と病院に分けて運営している法人もあります。

　ところが実際の大学では、教学部門の中にも事務組織が存在します。一般的に、学部などの**部局**＊の裁量が大きい大学は、その部局の事務組織も大きい傾向にあります。この場合、本部事務組織と部局事務組織で同様の事務を担っている場合があり、そのことが事務手続きを煩雑にしている原因の1つとされています。そのため、本部事務組織に職員を集約する方法を採用している大学もありますが、それによって、部局事務組織に企画機能を担う職員を配置することができなくなり、部局ごとでそれぞれの特色を生かした教育プログラムを企画運営する機能が低下してしまうという事例もみられます。

　限られた予算の中で効率的かつ効果的な大学運営を推進するにはどのような事務組織がよいのかを大学の歴史や文化を踏まえて絶えず検討することが必要です。

(3) 設置形態別に特色がある

　国立大学、公立大学、私立大学はそれぞれ事務組織に特色があります。国立大学の事務組織は、共通した特徴をもっています。これは、法人化以前の国立大学が文部科学省の行政組織の一部であったことに由来します。また、公立大学は、その大学を設置している都道府県などの地方公

```
(本部機能)
経営企画室      企画課      広報課
総務部          総務課      人事課
財務部          財務課      経理課
施設部          施設管理課  施設整備課
学生支援部      学生課      教務課    入試課    国際課
研究支援部      研究推進課  産学連携課
図書情報部      図書館事務室    情報システム課
(部局支援機能)
学部事務部      総務課      学務課    会計課
```

図 9-1　国立大学の事務組織の例

共団体の組織の一部であったことから、その地方公共団体の事務組織と似ています。国立大学は文部科学省もしくは別の国立大学との間で大学職員の人事異動があり、また、多くの公立大学は設置している地方公共団体との間で人事異動が行われていることから、事務組織も仕事の進め方も類似する傾向にあります。一方、私立大学は大学の規模などによって事務組織の特徴は異なりますが、国公立大学と比較すると少人数で構成され、部局事務組織よりも本部事務組織に重点が置かれた体制になっています。

(4) 企業組織とは異なる

　大学の事務組織は、教員と職員に加え、法人と大学、教学部門と事務部門などの複雑な構成になっていることが企業組織との大きな違いです。企業においても営業担当と商品開発部の間の意思疎通の不足が見受けられますが、大学はより複雑に絡み合っているため、企業組織以上に機能不全に陥る組織体制になりやすいともいえます。

　まずは、自分の所属する大学がどのような事務組織の構造をしているのか、そしてそれがどのような課題をもっているのかを、客観的に把握することが重要です。

2 事務を担う構成員を理解する

(1) 統計から大学職員の特徴を理解する

　大学職員には多様な職種があり、異なる役割から大学の発展に寄与することが期待されています。文部科学省が実施している学校基本調査において大学職員は、表 9-1 のように事務系、技術技能系、医療系、教務系、その他に分類されます。ここでいう事務系には、庶務、会計、総務、人事に加え、各部局の業務を行う職員や図書館の業務を行う職員が含まれます。技術技能系は、技術や技能を要する業務を行う職員です。建築や電気関係の技術者や、自動車運転手や電話交換手などが該当します。医療系は、医師や看護師など、学生の健康管理の業務を担う職員です。教務系は、教員ではない職で学生の実験、実習、実技、演習の指導を担う者です。いわゆる時間割編成や学籍などを取り扱う教務事務を行う大学職員は教務系ではなく、事務系に含まれる点に注意しましょう。なお、その他には守衛、用務員、調理師などの業務を担う職員が含まれます。

　2018 年度の学校基本調査によれば、日本には約 25 万人の大学職員がいます。ただし、医療系の職員が多いため、実質的に事務を担う職員は

表 9-1　大学の職員数

	国立			公立			私立			計		
	男	女	計	男	女	計	男	女	計	男	女	計
事務系	15,372	13,092	28,464	2,717	2,560	5,277	26,821	29,202	56,023	44,910	44,854	89,764
技術技能系	5,408	1,738	7,146	178	19	197	1,248	603	1,851	6,834	2,360	9,194
医療系	8,446	37,831	46,277	1,833	8,969	10,802	15,007	65,949	80,956	25,286	112,749	138,035
教務系	268	164	432	69	148	217	1,649	2,177	3,826	1,986	2,489	4,475
その他	382	243	625	117	89	206	1,315	2,012	3,327	1,814	2,344	4,158
合計	29,876	53,068	82,944	4,914	11,785	16,699	46,040	99,943	145,983	80,830	164,796	245,626

出所　文部科学省（2018）『平成 30 年度学校基本調査』
注　短期大学や高等専門学校の職員はこの表には含まれていません

約9万人です。事務系の職員に関しては、男性職員と女性職員の数はほぼ同じであり、男性の比率が高い大学教員のように偏りはありません。

(2) さまざまな雇用形態が存在する

　事務組織の形は、各大学の伝統や文化によって異なります。たとえば、理系の学部には、実験に使う機器などを扱うスタッフが必要ですが、職員として雇用するか、教員として雇用するかは大学によってさまざまです。

　では、職員で雇用することと教員で雇用することは何が違うのでしょうか。大学の教員は、大学設置基準において役割や資格が定められています。

　　　大学は、教育上主要と認める授業科目（以下「主要授業科目」という。）については原則として専任の教授又は准教授に、主要授業科目以外の授業科目についてはなるべく専任の教授、准教授、講師又は助教に担当させるものとする。
　　　2　大学は、演習、実験、実習又は実技を伴う授業科目については、なるべく助手に補助させるものとする（大学設置基準第10条）。

　　　大学には、教育研究上必要があるときは、授業を担当しない教員を置くことができる（大学設置基準第11条）。

　法令上では、授業を担当していることが大学教員であることの条件ではありません。教育研究上必要であるときに教員を置くとしていることから、大学が教育研究上必要な職であると考えれば教員として雇用することが可能です。しかし実際には、組織ごとに所属できる教員の数をあらかじめ定めておく組織定数という考え方が多くの大学にはあるため、必要に応じて単純に雇用できるわけではありません。

　大学で取り扱う事務は、教育研究を企画・支援する内容のものから、

あらかじめ定められた様式に即して期限までに整える定型的なものまでさまざまです。前者は、教員として雇用した者が担っている場合もあれば、職員が担っている場合もあります。後者は、専任の職員が担っている場合もあれば、非常勤職員や派遣職員が担っている場合もあります。

このように、事務組織の構成員の中には、教員として雇用されている者が含まれている大学もあれば、職員のみで構成している大学もあります。専任職員と非常勤職員などが混在している場合もあります。

(3) 大学職員の採用を理解する

専任職員の採用の方法は、設置形態により大きく異なります。私立大学の場合、その大学を設置している**学校法人***の意向で採用をすることが可能です。それに対して国立大学は、もともと文部科学省の組織の一部であった経緯で、全国を7つの地区に分けて国立大学法人等職員採用試験という一次試験を行っています。最近では、独自の採用試験を行う大学も増えています。公立大学はより複雑で、法人化していたとしても、大学職員すべてを地方公共団体からの職員で構成している大学から、私立大学のように、すべて法人の意向で採用している大学まで存在します。

事務組織が専任職員のみで構成されている大学は少なく、大半は非常勤職員や派遣職員とともに事務を担っています。本来は、業務内容を精査し、非定型業務を専任職員が担うべきです。しかし、業務内容の変化に合わせて組織定数を改めることができない大学が多く、結果として、専任職員とそれ以外の雇用形態の職員の業務内容に差がほとんどない場合も散見されます。

(4) 人事制度を取り巻く課題

大学職員の人事制度を取り巻く課題はさまざまです。たとえば国立大学の場合、学内で人事異動が完結するのではなく、文部科学省との間やほかの国立大学との間で異動が行われます。多くの公立大学では、その大学と地方公共団体の間で行われます。この制度自体には利点もありま

すが、配置や異動周期を大学単独で決めることができないという課題もあります。私立大学の中には、法人の中の高等学校などの別の学校種との間の異動などがあります。

(5) 大学職員の仕事に対する意欲

　大学職員は、知の創造と継承という大学の使命の一端を担っています。しかし、事務組織が大きければ大きいほど、1人の職員が担当する仕事の内容は細分化されます。そのため、業務の全体像を見わたすことが難しく、何のためにこの仕事を担っているか理解しないまま、単純作業の如く仕事をこなすようになりかねません。結果として、自分に割り当てられた作業を終わらせることだけが目的となってしまい、教育の質の向上といった業務本来の目的を果たせなくなる場合もあるでしょう。

　たとえば、ある大学では、**カリキュラム***を検討することが教員の役割で、検討結果に基づいて時間割を印刷することが職員の役割であったとします。すると、印刷を担当した職員は、検討の背景や経緯を理解しないまま、前年度と同じような方法で印刷を業者へ発注することが起こりがちです。もし、背景や経緯を理解し、学生へ何を伝えることが重要なのかについて考えられる職員であれば、前年度の方法を踏まえ、今年度の印刷物のあり方を改善するでしょう。そのことの繰り返しが、仕事の意欲の向上につながるのです。

　教員と職員が一体になって、プロジェクトを推進することが解決の糸口の1つとなりますが、自分の専門分野を深めていく教員と、できるだけ公正かつ効率的に事務を遂行することが求められる職員が協働することは容易ではありません。

　大学が事務組織にどのような機能を求めるのか、そして、その機能を最大限に活かすためには、どのような人事制度や仕事のやり方が適切かを、絶えず検討することが必要です。

3 部門ごとの大学職員の役割を理解する

(1) 管理部門を理解する

　大学は、学生からの**納付金***や寄附金、国や地方公共団体からの交付金などで運営されています。そのため、資金管理の透明性が求められ、大学の活動に関するさまざまな成果を社会へ説明する責任を負っています。これらは、すべての教職員が担うべき責務といえますが、組織として外部に説明するためには、それらを統括する事務組織が必要です。

　たとえば、会計事務は、教育研究活動と密接に関係するものですが、教員に会計制度の細部まで理解してもらうことは現実的ではありません。会計制度は社会との契約といえるため、定められた法令などは守る必要があります。これを教員の教育研究活動に伴う学内手順へどのように反映させるかは、会計事務を担当する職員の腕の見せどころです。

　総務、人事、会計といった管理部門は、教員や学生と直接接することはあまりなく、書類上での関係が大半といえます。こうした書類のやりとりにおいて規定外の取り扱いを認めてしまうと、社会への説明責任を果たすことはできません。それに対し、教育部門や研究部門は法令よりも教育研究の論理を大切にするため、意見の対立が起こりがちです。管理部門は、それらを踏まえたうえで、社会からの要請をわかりやすく教職員へ説明し、理解を求めていく姿勢が求められます。

(2) 教務学生支援部門を理解する

　日本の大学は**ユニバーサル段階***となり、多様な背景をもった学生が大学へ進学するようになりました。そのため、以前は学生個人の努力に任せていればよかった大学での学び方、コミュニケーションの取り方、キャリアデザインといった支援も大学で行うことが求められるようになりました。また、障害のある学生や外国人留学生など、支援の対象も広

がっています。

　大学における教育を**正課教育**＊と正課外活動に分けることがありますが、主に前者を扱う事務を教務と呼び、後者を扱う事務を学生支援と呼んで区別して扱うのが一般的です。主に正課教育を扱う教務事務は、進級や卒業といった公平性を第一に考えて事務を扱う必要があります。それに対して、学生支援は、学生相談、**奨学金**＊、就職支援といった、学生1人1人の実情に合わせた対応をする事務組織であるため、教務と学生支援の間で仕事の進め方について意見の対立が起こることもあります。安易に例外を認めることは避けるべきですが、単純に制度と照らして可否を判断するのではなく、学生1人1人と向き合って、制度の許容範囲の中で解決策を考えることが、教務学生支援部門の大学職員には求められています。

(3) 教育研究を支える部門を理解する

　教育研究成果の社会への発信、外部資金の獲得、多様な学生の支援など、教育研究には求められる役割が増え続けています。これらすべてを教員任せにしてしまっては、本来の役割である教育研究活動がおろそかになってしまい、そもそも事務を扱う職員を置く意味がありません。

　事務組織の中でも図書館は、伝統的に教育研究活動を支える組織であり、司書のように専門的な知識や経験を有する職員を配置してきました。図書館は、教育研究に関係する情報を収集し提供するという受け身の役

割だけでなく、学生の学習支援や、機関リポジトリを整備・充実したりすることで、教員や学生の研究活動を社会へ積極的に発信する役割も担っています。

　外部資金を獲得するためには、研究活動の中身を企業や公的セクターにわかりやすく伝え、資金提供元から要望に応じて説明資料を作成・提供するなどの能力を備えた人材が求められています。

　教育研究を支える部門は、学内の既存制度の枠組みでは扱えない事務を抱えることが増えるため、ほかの組織に制度の見直しを求める場面が多々あります。そのため、日頃から学内のさまざまな教職員とコミュニケーションを取り、協力が得られる環境を整備しておくことが必要です。

(4) 大学外との連携を担う部門を理解する

　学生や教職員の活躍の舞台は、学内や**学会***にとどまらず、地域社会や世界に広がっています。活躍の舞台を広げることはこれまで個人の努力に任せがちでしたが、最近では大学が組織として支援することに力を入れるようになっています。

　従来から海外大学と協定を結ぶ業務は大学に存在していましたが、その大半は教員の個人的なつながりを基盤として成り立っていました。最近では多くの大学で、事務組織が教員と協力して戦略的に協定校を開拓し、学生の留学先確保などを行っています。また、地域社会の抱える課題の解決に、大学の知見や学生の発想力などを活かすため、地域や行政などと連携する事務組織も設けられるようになりました。広報部門も、従来の受験生確保に加えて、大学の魅力をさまざまな形で発信し、学生や教職員の活動を後押しするようになりました。

　これらの部門では、学内外の情報やニーズに精通するだけではなく、教職員や学生自身が気づいていない能力やアイデアを引き出さなければなりません。パソコンに向かうばかりではなく、学内外との間に立って考え、汗を流すことが、この部門には求められているのです。

4　事務組織の業務の特徴を理解する

(1)　官僚制を基本とした組織

　大学の事務組織は**官僚制***を基本とした組織です。官僚制という言葉を聞くと、堅苦しいイメージをもつ人もいるかもしれませんが、官僚制であること自体は悪いことではありません。官僚制とは、ドイツの社会学者のウェーバーが提唱した考え方で、比較的大きな組織を効率的よく運営するために、表9-2のような特徴をもつ仕組みのことをいいます（ウェーバー　1987）。

　判断基準を規則などで明確にしておけば、担当する職員が変わっても判断基準に変化はなく、組織の活動は継続することができます。また、案件の軽重によって個人の裁量で判断してよい範囲や、判断するために必要な関係者とその順序をあらかじめ定めておけば、1人にかかる責任が分散され、さまざまな案件を効率よく判断することができます。学生からの納付金や、国や地方公共団体からの交付金などで運営されている大学の事務組織は、公平・公正に事務を遂行することが求められるため、官僚的な組織によって、個人の恣意的な関与が事務に影響しないようにすることができます。

表9-2　官僚制の特徴

(1)　標準化
　　一般的な案件を処理できる規則などを定め、それに基づいて仕事をする。
(2)　階層性
　　ピラミッド型の段階的な組織構造で、権限が明確に定められている。
(3)　没人格性
　　個人の意思ではなく、規則や権限に基づいて上司は仕事を指示し、部下は指示される。

(2) 官僚制の逆機能に注意する

　官僚制を基本とした事務組織によって事務が効率的で公平・公正になったからといって、大学を円滑に運営できるわけではありません。たとえば、分業が進んだことで**セクショナリズム**＊が強くなってしまったり、規則などを遵守することだけが目的となってしまい、前例がないことにはチャレンジしないという職場風土が醸成されたりするおそれがあります。アメリカの社会学者のマートンは、このような課題を「官僚制の逆機能」と呼びました（マートン 1961）。

　大学の事務室では、学生や教員からの相談に「規則などにあてはまらない」「前例がない」というだけで、杓子定規な対応をする事例が見られますが、これは官僚制の逆機能の1つといえるでしょう。官僚制は運営の1つの手段であることを理解して、大学として何をすべきなのかを考える必要があります。

(3) 教員と職員の関係

　教員と職員の関係は、事務組織の仕事に大きな影響を与えています。多くの大学では、意思決定は教員中心の組織が行い、その決定事項にしたがって職員が事務を遂行する構造となっています。そのため、職員で検討すればよいことですら、教員に課題解決をゆだねてしまう傾向があります。

　教員と職員の関係は、「車の両輪」にたとえられることがあります（松下 1992）。教員と職員は車の両輪のように、片方が止まってしまっては前に進めません。情報共有を密に行い、同じ方向に向かって大学運営をすべきです。それゆえ、事務組織で課題を何も整理せず、白紙で教員に検討を依頼することは、効率的な大学運営とはいえません。これに、本部組織と部局組織などの構造が重なり合うと、目の前の課題に気づくこともできず、誰かに決めてもらった手順にしたがい、ただ作業をこなすだけの事務組織が誕生しやすくなるので注意が必要です。

> **コラム　担当業務を自分ひとりで成し遂げたとしても半人前**
>
> 「部下をもつ前に、自分の仕事のマネジメントぐらいできるようになれよ」と、係長になる一歩手前の時期に上司に指摘されました。「部下をもたない立場で、自分の仕事に関して（よい意味で）周りを巻き込めるようになれ」と、指導は続きました。
> 　担当業務を自分ひとりで成し遂げたならば半人前。自分の仕事をできるだけ自分でやらなくても済むようにできたら一人前（＝部下をもってもよい）。それは他人に丸投げするという意味ではなく、関係者が自然に自分の仕事だと思って、積極的に協力してくれる状態を作り上げるということです。
> 　たとえば掲示物の管理という担当業務について、同僚が他部署へ出かけるついでに掲示をチェックしてくれる、手が空いていたら掲示をかわりに修正してくれるような人間関係を構築できないようなら、よい上司にはなりません。自分の仕事のマネジメントとは、自分の仕事の進行管理を適切にするという意味だけではなく、周りをどのように巻き込めるかということです。
> 　周りを巻き込んで仕事をしようとして、さまざまな努力をしてきましたが、そこで得た自分なりのコツが、仕事を円滑に進める基礎となっています。それは、相手の仕事に関心をもつ、手伝う、相手の興味のありそうな雑談をするなど基本的なことばかりですが、これらはタイミングがポイントです。タイミングよく相手に関与するためには、相手の動きをよく観察します。パソコンの画面ばかり見て仕事をしていたら、そのタイミングはつかめません。顔を上げながら、視野を広げて一人前になるように仕事はしたいものです。

(4)　事務組織の業務を改善する

　大学の事務組織は、さまざまな制約の中で業務改善を検討しなければなりません。人事制度の見直しや事務組織の再編成といった大がかりな改善を目指す前に、それぞれの事務組織における仕事のやり方をもう一度見つめなおすことも大切です。たとえば特定の業務を職員1人で抱えてしまい、不在時には誰も対応できない事務組織であるならば、まずその業務を複数名で担当するべきでしょう。定型的な業務であれば、いつでも誰でも対応できる組織を目指すべきです。また、課題を認識した際に、上司や関係部署に伝えるだけでなく、課題の背景や解決の方向性を

報告する習慣をつけるだけで、官僚制の課題はある程度克服できるかもしれません。

　仕事のやり方を見直すためには、基盤となる知識や技術の習得が必要です。たとえば、プロジェクトマネジメントの手法を知らなければ、独りよがりな業務改善になってしまい、周囲を巻き込んで仕事をすることはできません。反対に、研修でさまざまな知識や技術を習得したとしても、それを活用できる環境の職場でなければ、趣味の自己研鑽の域を越えません。それぞれの事務組織における改善には、人材育成の必要性を組織と個人で共有し、人材育成の成果を仕事に活かせる職場環境の整備が必要です。

第10章 大学の戦略

1　戦略とその意義を理解する

(1)　大学は環境の中に存在している

　大学は環境の中に存在しています。環境に適切に対応できれば大学は躍進することができます。あたりまえですが、入学したいという学生がいなくなれば大学は存続できません。同様に、働きたいという教職員がいなくなっても大学は存続できないのです。

　大学は公共性の高い組織であり、組織として長く継続するという特徴をもっています。ハーバード大学がアメリカ合衆国の誕生よりも100年以上前に設立されているように、国よりも長い歴史をもつ大学も少なくありません。しかし、現在では少子化など大学をめぐる環境は厳しくなってきています。実際、環境の変化に対応できないため、学部や学科を廃止したり、閉校にいたる大学も見られます。変化する環境に対して適切に大学を運営することが必要なのです。

(2)　大学における戦略を理解する

　大学が環境の中で躍進するために必要なものが大学の戦略です。戦略という用語はもともと軍事用語であり、教育機関の中で使用するのを嫌う人もいます。しかし、企業では日常的に使用されており、高等教育政策や大学においても使用される場合が多くなったため、本書でも戦略という用語を使用します。

では、戦略とは何でしょうか。本書では、「市場の中の組織の活動の長期的な基本設計図」という定義を使用します（日本経済新聞社編2002）。この定義は短く記されていますが、戦略の特徴を示す5つのキーワードが含まれています。
　第一は、「市場」という言葉です。戦略は市場の中に位置づけられるものです。戦略は大学の内部事情だけを考えて策定するものではありません。受験者市場、労働市場、研究費市場といった環境は大学に何を求めているのかを考える必要があります。また、さまざまな市場に影響を与える国の政策動向を知ることも大学の戦略を考えるうえで重要です。
　第二は、「組織」という言葉です。戦略は集団を率いるものです。それぞれに違う考え方をもつ教職員の方向性を合わせて、奮い立たせられる力が戦略には必要です。
　第三は、「活動」という言葉です。戦略は活動を表すものです。実行可能な活動にするためには、ヒト・モノ・カネといった資源配分の裏付けがなければなりません。活動の責任体制や必要な予算なども連動させる必要があるでしょう。
　第四は、「長期的」という言葉です。戦略は大学に長期的な展望を与えるものです。短期的な目先の現象のみにとらわれてはいけません。
　第五は、「基本設計図」という言葉です。戦略は基本的な構想を示すものです。詳細な計画を事前に設計するのではなく、柔軟性や拡張性をもたせる必要があります。戦略は大学憲章や**建学の精神***のような抽象的な大学の理念と具体的な実施計画の中間に位置づけられるものです。
　この定義に基づくと、必ずしもすべての大学に戦略があり文書化されているとはいえないかもしれません。国立大学や公立大学においては中期目標・中期計画、私立大学においては基本戦略、長期計画、長期ビジョン、中期計画といった名称で大学の戦略がまとめられることがあります。

(3)　大学における戦略の意義

　戦略を策定する目的は、変化し続ける環境の中で大学が発展するためです。また、同時に大学がさまざまなリスクを回避するためでもあります。

　大学が保有する資源には限りがあります。限られた資源の中では考えられるすべての活動にとりかかることはできないため、選択と集中について考えなくてはなりません。戦略を策定することにより、何を実施し何を実施しないか、どのような強みを築いていくのかを明確にできるのです。

　また、大学としての方向性を明確に示すことで、個々の教職員の活動の方向を揃えることができます。戦略によって大学の方向性が明確になれば、それを広く関係者に周知することで理解や支援を求めることができます。情報公開は説明責任を果たすという観点からも有効でしょう。

　大学における戦略策定の重要性は以前より増しています。18歳人口の減少、グローバリゼーションの進展、均一的な資金配分から**競争的資金***への移行、産業界の大学に対する要望の変化、情報通信技術の進展、人工知能の進化など環境は急速に変化しています。そういった環境変化に大学が適切に対応することが求められています。

　国は高等教育政策において、大学が環境に適切に対応できるような大学改革を推進しています。**国立大学の法人化***もその1つに位置づけられます。国立大学法人法によって大学は6年間の中期目標・中期計画を定めますが、これは国が国立大学に戦略を立てることを支援している制度と解釈することもできるでしょう。また、**教授会***の権限を明確にし、**学長***の権限と責任を強化する方向に進んでいることも、大学が全学的に戦略を立案できる後押しをしているといえるでしょう。

2 大学の戦略には構造がある

(1) 大学の理念を理解する

それぞれの大学にはそれぞれの存在意義があり、建学の精神、教育理念、ミッション、大学憲章などに表現されています。これらは大学の基本的な価値観を示すものであり、長期にわたる運営の拠り所になります。したがって、入学式や新任教職員研修などで説明され、大学のパンフレットやウェブサイトにおいても重要な場所に記されています。

戦略は大学の理念にそって策定されるべきものです。しかし、環境の変化や大学の活動内容が大きく変わった場合には、大学の理念自体を見直さなければならない場合もあるでしょう。

(2) 戦略には階層がある

企業において戦略は、全社戦略、事業部戦略、機能別戦略の3つに分類されます。それを大学にあてはめると、大学における戦略は、全学戦略、学部戦略、機能別戦略に分類することができます（日本能率協会2011b）。

全学戦略は大学全体にかかわる戦略です。大学全体の将来像を示し、新学部の設置、組織改革、資金調達、資源配分などが記されます。学部戦略は学部単位の戦略です。各学部がいかにして教育研究の質を高めるのかなどが示されます。学部単位の戦略が重要なのは、学部によって市場や競合相手が異なるからです。機能別戦略は大学運営の各機能についての戦略であり、学生募集戦略、国際化戦略、情報化戦略、広報戦略など学部横断的な検討が必要です。

(3) 長期的な視点で戦略を理解する

戦略の特徴の1つは、長期的であることです。戦略の成果は必ずしも

すぐに現れるものではありません。研究力を強化する戦略が成果として現れるのには時間がかかります。たとえば、ノーベル賞は優れた研究成果に対して与えられるものですが、20年以上も前の研究成果であることも少なくありません。つまり、大学が研究戦略として研究環境を整備しても、それが研究成果につながり、社会的に評価されるには時間がかかるのです。

　戦略は大学に長期的な展望を与えます。短期的な視野では財務状況や学生の満足度などに注目してしまい、それらを支える重要な基盤を軽視してしまうでしょう。実際、短期的な視野で戦略を構想しないように、**バランス・スコアカード***を活用する大学があります（篠田・教育学術新聞編集部 2014）。バランス・スコアカードとは、戦略の達成のため財務の視点、顧客の視点、業務プロセスの視点、学習と成長の視点の4つの視点に分けて考えるツールです。大学の場合は、収支の健全化、学生満足度の向上、教育システムの改善、教職員能力開発などが4つの視点に該当します。バランス・スコアカードは、長期的な成長をもたらす業務プロセスや人材育成の重視している点に特徴があるといえます。

(4) 戦略策定の方法を理解する

　「敵を知り、己を知らば、百戦危うからず」は孫子の言葉です。これは戦略策定においても通じるものです。すでに述べたように、戦略は市場の中に位置づけられるものです。したがって、戦略を立てるためには、大学内部の状況を把握するだけでなく、大学を取り巻く環境を理解する必要があります。

　戦略を計画するためにはさまざまな方法がありますが、代表的な方法として、3C分析や**SWOT分析***があります。

3C分析

　3C分析とは、市場（customer）、競合相手（competitor）、自大学（company）の3つの観点から戦略を考えていくものです。市場は大学

に何を求めているのか、自大学と競合している大学はどこなのかといった外部環境と自大学にはどのような強みがあるのかという内部環境を照らし合わせて戦略を検討していくものです。

SWOT分析

SWOT分析は、内部環境を強み（strength）と弱み（weakness）という観点から、外部環境を機会（opportunity）と脅威（threat）という観点から分析します。それぞれが明確になった後に、外部環境と内部環境を組み合わせて戦略を検討するという方法です。

戦略策定に向けてさまざまな分析をすることで、適切な意思決定をすることができ、さらに大学内での合意も得やすくなるでしょう。近年では**インスティチューショナル・リサーチ***の機能を重視する大学が増加しており、大学の戦略策定に向けた分析方法はますます進展するでしょう。

しかし、どれだけ分析しても戦略策定には限界があることも理解しておく必要があります。環境の変動が激しい現代社会で未来を予測することが難しいからです。そのため、環境の変化に合わせて戦略を見直し柔軟に修正し続けていくことが求められます。

3　競争の戦略を理解する

(1)　競争の戦略には3種類ある

戦略において重要な概念の1つは競争です。ある市場の中で競争相手に対して優位を築こうとするのが競争の戦略です。競争戦略の目的は、基本的には市場における競争を少なくしたり、排除したりするところにあります。たとえば、他大学が真似できないものを開発して、それが市場にニーズがあるものであれば、他大学に対して優位に立つため競争す

表10-1　3つの競争戦略

戦略の対象		競争優位	
		独自性	低コスト
	広範囲	差別化戦略	コスト・リーダーシップ戦略
	限定範囲	集中戦略	

る必要がなくなります。他大学が真似できない核となる強みのことをコアコンピタンスと呼びます。

　競争の戦略を考える際に重要なのは、大学が誰と何をめぐって競争しているのかを明確にすることです。近隣の大学と入学者の獲得において競争している場合もありますし、同分野の教育プログラムをもつ世界の大学と優秀な入学者の獲得で競争している場合もあるでしょう。入学者の獲得だけでなく、研究費の獲得や大学の評判をめぐって競争している場合もあるかもしれません。

　競争戦略には、**コスト・リーダーシップ戦略**＊、**差別化戦略**＊、**集中戦略**＊の3種類があります（ポーター　1982）。

(2)　コスト・リーダーシップ戦略

　第一の競争戦略はコスト・リーダーシップ戦略です。コスト・リーダーシップ戦略は、他大学よりも低いコストを実現することにより、競争優位を確立する戦略です。製造業の場合、大量生産し製造コストを削減することで競争力を高めることができます。大学の場合、低い**納付金**＊を設定することがコスト・リーダーシップ戦略になります。たとえば、通信制の大学は納付金の安さという点では通学制の大学に対してコスト・リーダーシップ戦略をとっているといえます。また、国公立大学は国や地方公共団体からの予算配分が多いことで、結果として私立大学より安価な授業料を設定することができていると考えられます。

　納付金の低価格戦略には課題もあります。まず、大学には受け入れる学生数の定員があるということです。大量生産し製造コストを削減する企業のように、定員を超えて大量に学生を受け入れて学生1人あたりの

単価を低下させるということはできません。私立大学の場合、入学定員を超過した割合によって**私立大学等経常費補助金***が交付されない基準が定められています。

また、学生が大学を選択するにあたっては、**奨学金***など含めた経済的要素やキャリア支援のサービスや大学のブランドなどのさまざまな要素を考慮します。

(3) 差別化戦略

第二の競争戦略は差別化戦略です。差別化戦略は、他大学にはない独自性によって競争力を維持する戦略です。他大学が真似できない独自性があれば、競争する必要がなくなります。たとえば慶應義塾大学や早稲田大学などの歴史ある名門校は、社会に対して独自のブランドや卒業生のネットワークをもっています。それらの大学の独自性は、他大学と差別化されており、簡単には真似できないものです。

教育プログラムとして他大学との違いを出している大学もあります。たとえば、国際基督教大学は、日本におけるリベラルアーツカレッジの代表校として差別化が成功している例といえるでしょう。また、京都精華大学マンガ学部、明海大学不動産学部、吉備国際大学文化財学部のようにほかの大学では学ぶことができない**カリキュラム***を提供することで差別化していると考えられる事例もあります。

(4) 集中戦略

第三の競争戦略は集中戦略です。集中戦略は、特定の市場のみに焦点をあてて競争力を維持する戦略です。特定の市場の例としては、特定の地域の市場、特定の年齢層の市場、特定のニーズをもった受験者市場などがあります。大規模大学に比べて経営資源で劣るとしても、集中戦略なら資源を集中的に投入することで、競争力を維持することができます。

女子大学は女性の受験者市場のみに焦点をあてているという点では集中戦略といえます。ただし首都圏などでは女子大学が多く、女子大学の

間で競争状態になりやすいため、より細かな市場に焦点をあてたほうがよい場合もあるでしょう。

　地方においては、その地域のニーズを把握することも必要です。たとえば地域で唯一、薬学部を設置している大学の場合、その地域で薬学を学習したいと考える者が継続的に入学を希望し、他大学が薬学部を近隣に設置しなければ、安定的に運営することができるでしょう。

4　さまざまな大学の戦略を理解する

(1)　新規の事業に取り組む

　企業の戦略の中でもっともよく使われるのが新規の事業に取り組むことであり、**多角化戦略**＊と呼ばれます。たとえば鉄道会社がホテルやデパートも運営するように事業の多角化を目指す戦略です。新たな事業を加えていくことで、企業の成長が確保できたり、これまでの事業との相乗効果が得られたり、企業全体のリスクの分散ができます。

　大学における多角化戦略の1つは、大学の中に新学部や新学科を設置することです。新学部や新学科を設置することで、市場の新たな学習ニーズに対応することができます。また、既存の学部のための共通教育、学生支援、施設なども有効に活用することができるでしょう。ただし、

新たな**学位**＊を授与する学部の設置は国による認可を要します。

(2) 他大学の成功事例を模倣する

他大学のすぐれた取り組みを模倣することも戦略の1つです。経営学においては**模倣戦略**＊と呼ばれます。他大学にない取り組みを始めるのは挑戦的でやりがいがあり、成功すれば高く評価されますが、一方でうまくいくかどうかわからないというリスクもあります。一方、先行大学が行っているすぐれた取り組みを取り込んでいくことは、市場にニーズがあることも実証されており、効率的に進めることができます。このような後発大学がもつ優位性を後発優位と呼びます。

看護学部・学科の設置は模倣戦略の1つとみなすことができるかもしれません。1989年には日本において看護学部・学科をもっていたのはわずか11大学でしたが、2018年度には263校にまで急増しています。

模倣も戦略の1つですが、注意すべきことがあります。大学の状況において有効な戦略は異なるからです。その際に考える枠組みとして**ランチェスター戦略**＊があります。ランチェスター戦略は市場の中での強者と弱者にとって適切な戦略が異なることを示しています。強者はその規模、ブランド、資金、人材などあらゆる手段を講じて、総合戦に持ち込むことが有効です。一方、弱者は局地戦を行い、差別化戦略をとることが有効です。それを大学にあてはめると、大規模大学は全国的なマーケットをもっているため、他大学の成功事例に追随して模倣することが有効な戦略になります。一方、小規模大学は他大学とは異なる特徴のある教育プログラムをもち地域のニーズを取り込む戦略が有効です。

(3) 他機関と連携する

大学にとって他大学は競争の相手としてだけでなく、連携の相手にもなりえます。たとえば、大学間で連携することで、学生が他大学の授業を受講し単位が認定される**単位互換制度**＊はよく見られます。また、海外の大学と連携することで学生や教職員の交流を活性化する事例も見ら

れます。

　このような大学間の連携はいくつかの意義があります。まずは、互いの経営資源の不足を補うことができます。また、国際的な連携は大学の国際化を促進させることができます。さらに、相互の大学の教職員が学習する機会にもなりえます。

　多数の大学間の連携としては、国立大学を会員とする**国立大学協会***、公立大学を会員とする**公立大学協会***、私立大学を会員とする**日本私立大学連盟***と**日本私立大学協会***のような伝統的な組織があります。また、特定地域における大学間の連携も見られます。たとえば大学コンソーシアム京都は京都地区の大学などが加盟するネットワークです。大学コンソーシアム京都は、単位互換、生涯学習、**インターンシップ***、FD、SD、高大連携、学生交流、国際事業、調査・広報などの幅広い活動を行っています。また、SPOD と呼ばれる四国地区大学教職員能力開発ネットワークは、四国地区の大学の FD と SD に特化した大学間連携です。

　大学の連携先は他大学だけではありません。高校との連携は将来の入学者の確保やカリキュラムの改善などにおいて役立つでしょう。また、企業との連携は、学生のインターンシップや研究開発の分野で大学に利益をもたらすでしょう。

第11章 大学のステークホルダー

1 多様なステークホルダーが存在する

(1) 大学のステークホルダーは誰か

　ステークホルダー＊とは利害関係者のことで、日本では主に企業で使われるようになった言葉です。株式会社であれば、企業活動の資本を提供している株主と良好な関係を築くことは重要ですが、それだけで企業活動を円滑に行うことができるわけではありません。サービスの提供先である消費者、原材料の取引先、工場周辺の地域社会など、良好な関係を保つべき相手は多数存在します。大学の**ユニバーサル段階**＊への移行や大学間の競争の激化など、大学を取り巻く環境の変化に伴い、大学でもステークホルダーとの関係が注目されるようになりました。

　大学は非営利組織です。非営利組織であるからこそ、ステークホルダーとの関係性が重要です（Bryson 1995）。大学は国公私立にかかわらず、資金面では主に納付金と公的資金で運営されていることから、納付金負担者である学生やその親などと、税金を負担している国民がステークホルダーとして考えられます。サービスの提供先は学生ですが、卒業生を雇用者として受け入れている企業もステークホルダーといえるでしょう。それだけにとどまらず、企業と大学の関係は、研究や教育のパートナーとしての一面もあります。大学周辺の地域との連携も不可欠です。さらに、新聞やテレビなどのメディアも大学にとってステークホルダーです。また、忘れがちになりますが所属する教職員も重要なス

テークホルダーという考え方もあります。

　大学特有の視点としては、設立の母体となっている団体との関係も重要です。同じ法人の中にあるほかの学校もステークホルダーです。

(2) 国民に支えられている

　日本の大学は、国公立大学のみならず私立大学の運営にも公的資金が投入されています。私立大学なくしては日本の大学制度は維持できないため、1970年から私立大学を運営するための経費が国から補助金として支出されるようになりました。この補助金の原資は税金ですから、日本の大学は、税負担者である国民によって支えられているといえるでしょう。

　国の文部科学関係予算の中で、国立大学の運営にかかる経費と私立学校へ支出している補助金の合計は、義務教育にかかる経費とそれほど変わりません。大学も義務教育も、この予算だけで運営されているわけではありませんので、単純に比較することはできません。しかし、ほぼすべての子どもが通う小中学校と、希望する者だけが進学する大学に対する国家予算の割合があまり変わらないということは、大学は入学した学生だけに向けて活動をすればよいわけではないことを示しています。

表 11-1　文部科学関係予算（一般会計）の割合

文教関係費	義務教育費国庫負担金	28.6%
	国立大学運営費交付金	20.6%
	私学助成	8.0%
	高校生等への修学支援	7.3%
	その他の文教関係費	11.5%
科学技術振興費		16.5%
その他		7.5%

出所　中島（2019）「平成31年度文教及び科学振興費について」より著者作成

(3)　大学の評判は人が支える

　大学は非営利組織であるため、企業活動に比べて成果を可視化することが難しい組織です。たとえば、企業であれば売り上げや利益率などの数値によって可視化され、同業他社と比較することもできます。また、ステークホルダーである消費者も、製品の質や評判で購買行動をすぐに変化させます。

　それに比べ日本の大学の場合、ある教員が15回の授業のうち、3回休講し、その補講を1回も実施しなかったとしても、ステークホルダーである受験生にとってはあまり知り得ない情報ですので、受験生からの評価が下がることはほとんどないでしょう。このように、サービスを提供する側と受ける側で、そのサービスの価値を判断するために必要な情報に差があることを、経済学では**情報の非対称性**＊と呼びます。

　情報の非対称性の例としては、インターネット上の売買があげられます。インターネット上の商品情報が正しいかどうかは、販売者を信頼できるかどうかが重要になります。その信頼は、過去に購入した消費者の書き込みに左右されます。大学に置き換えると、卒業生が社会でどのように活躍し、母校についてどのように語るかが、大学の評価に直結します。卒業生は、さまざまな形で大学を支えていますが、当然のことながら、それは在学中の満足度を反映していることはいうまでもありません。

(4) ステークホルダーとの向き合い方

　企業はステークホルダーと良好な関係を保つために、「顧客ニーズにあった商品開発」という言葉があるように、相手に合わせた行動を目指します。しかし、それと同じことを大学が行ったとしても、必ずしも望ましいとはいえません。

　たとえば、学生の「就職活動を優先したい」や「楽して卒業したい」というニーズに合わせて、2年次までに卒業に必要な授業の大半を履修できるような**カリキュラム***を用意することは、望ましいことではありません。同様に、企業の「負担する税金をできるだけ抑えたい」というニーズに合わせて、節税対策のテクニックだけを強調した公開講座の開催は、公共性の高い大学として望ましい活動ではないでしょう。

　では、大学はステークホルダーとどのように向き合うべきでしょうか。社会に開かれた大学とは、大学が社会と同じように思考し、社会と同じように行動することを理想とするものではありません。大学はステークホルダーに対して、時には厳しい姿勢で臨む必要もあります。学生に対しても、大学は教育機関であることを踏まえた行動が求められます。**教育基本法***に掲げられているように、深く真理を探究して新たな知見を創造し、これらの成果を広く社会に提供する大学であるためには、ステークホルダーとの適切な関係を模索していかなければなりません。

2　学生は重要なステークホルダー

(1)　受験生のニーズをつかむ

　学生募集の主なターゲットが高等学校卒業予定者である日本の大学は、より多くの優秀な受験生を集めるために対策を講じています。人気のある学部の設置やキャンパスの移転といった大学の根幹にかかわることも、受験生の動向を左右させるといっても過言ではありません。

そのようにして集めた入学者全員が満足して卒業できればよいのですが、日本の大学では毎年6万人近くが中途退学します。ステークホルダーのニーズに合わせることが進んでいるにもかかわらず、なぜ多数の学生が大学中退という道を選んでしまうのでしょうか。情報の非対称性によるミスマッチもあるでしょうし、そもそもキャリアデザインが十分でないまま大学に進学したことが原因かもしれません。最近では、オープンキャンパスといった非日常ではなく、授業日に高校生を招き、在学生と一緒に教育プログラムを体験してもらうといった取り組みを行う大学も増えています。

　受験生のニーズをつかむことと、学生を育て社会に送り出すことは、両立しなければなりません。大学は「どのような能力を身につけさせるのか」「そのためにどのような教育をするのか」「その教育を受けてもらうためには、入学までにどのような学力を身につけておいてほしいのか」といった、**ディプロマ・ポリシー***、**カリキュラム・ポリシー***、**アドミッション・ポリシー***をわかりやすく公開することが求められています。

(2) 学生の意見を反映する

　学生は、大学で教育を一方向的に受けるだけの存在ではありません。社会を取り巻くあらゆる問題を課題として設定し、教員とともに学習や研究をする存在でもあります。最近では授業の改善を教員と学生が一緒になって考える取り組みも行われ、その活動は学生FDといわれることもあります。図書館などでアルバイトをしながら大学を支える学生もいるでしょう。大学が育てるべき対象の学生によって、大学もまた育てられているのです。

　大学の運営に学生を参画させることも重要です。学生の意見を運営に反映するために、学生と大学執行部が参加するミーティングを設けたり、満足度や要望を収集するアンケートを実施したりする大学もあります。たとえば、立命館大学では、学生が大学の中期計画について教職員と公

式に議論する全学協議会という制度があります。

　学生の愛校心は、学生のニーズに合わせて多様なサービスを提供するといった単純なことではなく、学生生活の中でどの程度大学とかかわることができたかによって育まれるのかもしれません。どのようにしたらサービスを受けるつもりで入学した学生が、教職員と同じ立場で大学を語り、大学を支える存在に成長できるのか、その方法を検討することが重要でしょう。

(3) 大学を支える卒業生

　卒業生も大学にとって重要なステークホルダーです。卒業生が大学を直接支援する機会として、寄附金の提供、寄附講座の提供、学生の就職支援事業への協力、実習先や就職先としての学生の受け入れなどがあります。しかし、それらは大学への愛校心がなければ実現しないことです。

　大学は、卒業生が大学に求めるニーズを把握し、母校の近況を報告する広報誌の発行、ホームカミングデーの開催、同窓会の開催支援といった取り組みを実施するなど、卒業生に大学への関心を寄せ続けてもらう工夫が必要です。

　また、卒業生が社会で活躍してくれることは間接的に大学を支援することにつながります。たとえば、企業や業界、地域の中で、卒業生が集

まる校友会などの会を組織し、卒業生が社会で一定の影響力を発揮している姿がメディアにとりあげられることは、大学の評価を高める要因の1つになります。

3　国民との関係を理解する

(1)　税金が大学に配分されている

　大学へ配分される公的資金は、運営の基盤となる経費と、競争して配分される経費に分けることができます。大学運営の基盤となる経費は、文部科学省から、国立大学であれば**運営費交付金**＊、私立大学であれば**私立大学等経常費補助金**＊といった名称で配分されています。なお、私立大学の場合は、日本私立学校振興・共済事業団が配分の役割を担っています。公立大学は、地方公共団体が基盤となる経費を負担することとなっています。国は地方公共団体の財政状況に応じて住民サービスが低下することがないよう、総務省が地方交付税交付金といった名称で公的資金を配分しており、公立大学の運営に関与する地方公共団体には、交付金が上乗せされる仕組みとなっています。国立大学と私立大学は文部科学省が、公立大学は総務省や地方公共団体が、基盤経費に関するステークホルダーといえます。

　競争して配分する経費は**競争的資金**＊と呼ばれます。大学へ配分されるものと、研究者個人として大学教員などへ配分されるものがあり、さまざまな省庁が扱っています。たとえば、医療に関する研究では、厚生労働省が政策の推進に必要だと考えるテーマをあらかじめ設定し、厚生労働科学研究費補助金といった名称で配分しています。

　この資金の原資は税金ですので、大学はどのような基準で配分し、どのように活用したのかを、税負担者である国民にわかりやすく説明することが求められています。もちろん資金の使われ方だけでなく、どのような成果があったのかを国民にわかりやすく伝える努力も必要です。

表 11-2　大学に配分される公的資金の例

名称	国立大学法人運営費交付金	運営費交付金など	私立大学等経常費補助金
配分する対象	国立大学法人	公立大学法人	私立大学を有する学校法人
配分の実務を担う組織	文部科学省高等教育局	地方公共団体で公立大学法人を所管する部署（例：○○県企画部）	日本私立学校振興・共済事業団

(2) 国民全員で負担する意味

　大学は義務教育ではありません。小中学校の経費を国民全員で負担する意味と、大学のそれとは何が違うのでしょうか。

　たとえば、小中学校で教育の担い手となる教員は大学で養成しています。看護の領域においても、大学を卒業した看護師は高度な医療技術を支える存在として活躍しています。つまり、社会で活躍するさまざまな職業の担い手の輩出は、大学教育の成果です。大学の経費を国民全員で負担する意味は、社会で活躍できる人材を輩出するためにあるといえます。

　また、社会的な課題の解決にも、大学は大きく貢献できます。たとえば、地球温暖化に関する課題を、企業だけが担うことは現実的ではありません。営利を追求する必要のない大学でなければ担えない研究は、社会課題の解決には不可欠です。

　社会で活躍できる人材の輩出、社会的な課題の解決に資する研究といった目的からは、基礎的な学問が想像できないかもしれません。しかし、これらの基礎的な学問も広く重要性が認められています。税負担者というステークホルダーに説明しやすいことばかりを追求するだけでは、本当の大学の役割を果たすことはできません。大学の教育研究活動の意義を丁寧に伝えることが、税金で支えられている大学には求められています。

(3) 地域と大学のこれからの関係

　国民の一部の少数者しか進学をしなかった**エリート段階***の大学は、地域の中でも特別な存在でした。大学と国家の関係という言葉は昔から使われていましたが、大学と地域という言葉は最近になって頻繁に使われるようになりました。

　大学進学率の向上や大学数の増加は、大学が地域に目を向けるきっかけとなった要因の1つといえますが、東日本大震災によって、その流れは加速したといえるでしょう。大学の塀の外で未曾有の災害により日本中が混迷を深めていく中、最先端の知の拠点であるはずの大学は何ができたのでしょうか。

　学生や教職員が復旧活動を懸命に行い、やがてキャンパスを飛び出して、日本中の大学が連携して復興を支えていく過程で、大学は地域の中で特別な存在ではなく、地域の一部であるという考え方が定着していったといえます。

　文部科学省も「地（知）の拠点整備事業」を2013年から開始し、地域を志向した教育、研究、社会貢献活動を組織的に実施する大学に、そのための経費の補助を行ってきました。地域に根づいて活躍する人材の輩出も大学の重要な役割なのです。

4　社会との関係を構築する

(1)　メディアは強力なステークホルダー

　メディアは大学の重要なステークホルダーですが、大学とさまざまなステークホルダーをつないでくれる媒介の役割も果たします。新聞、ラジオ、テレビ、インターネットなどのメディアでは、一度に何百万人といった多数に対して直接発信することができます。それは非常に影響力のあるものです。影響力の大きさを恐れてメディアから遠ざかるという

のは、大学として大きな損失を生むことになります。

　大学の広報といえば、これまで受験生を募集するための入試広報が中心でした。現在では、さまざまな広報媒体を活用して、大学の活動を社会へ広く伝えるようになってきました。たとえば、近畿大学はマグロの完全養殖に世界で初めて成功しました。近畿大学では、学内の活動を新聞記事やテレビのニュースとしてとりあげてもらうために、**プレスリリース***の方法を工夫しています。プレスリリースにより納付金負担者も税負担者も、近畿大学の活動を支えようという機運が高まります。卒業生の愛校心もメディアによって深まり、それぞれの社会で母校の評判を高めることへの貢献につながるでしょう。メディアをうまく活用することは受験生の募集にも大きく貢献するでしょう。

(2)　企業とともに社会を支える

　社会が持続するためには、企業活動は不可欠です。企業活動にとって大学は、人的資源を企業に供給する存在という側面をもちます。

　ユニバーサル段階の**高等教育***における学士課程教育の目的で一番重要なことは、持続的に学習を続けていく能力を身につけさせることであると指摘されています（天野 2013）。企業を取り巻く変化に、自らの頭を使って行動できる人材を育てることで、大学は企業を支えていけるのです。大学教育に対して、即戦力になるような能力を学生に身につけさせてほしいという企業からの要望は常にあります。大学にしかできない教育は何であるのかを絶えず自問自答することはもちろんのこと、卒業生がどのような能力を身につけることができるのかを企業にわかりやすく示すことが求められています。

(3)　イノベーションで未来を切り拓く

　企業活動にはイノベーションも必要です。新しい考え方は、大学の研究成果を広く社会へ提供することで生まれるかもしれません。また、大学が異なる業種をマッチングさせたことによる他者との対話から生まれ

るかもしれません。

　以前は、日本の大学が特定の企業と接点をもつことは、倫理的に問題があると考えられていました。当然、特定の企業のみに情報を提供することや、その企業からばかり物品を調達することは問題です。とはいえ、一切企業と接点をもたないことは、大学の成果を社会に還元できないことにつながり、それもまた問題です。これは、大学を公的機関に置き換えても同じことがいえるでしょう。

　日本の社会でイノベーションが起きる環境を醸成するための仕組みとして、**産学連携**＊の重要性がとりあげられるようになりました。今後の大学は、今まで以上に企業と接点をもつことになるでしょう。国民全体がステークホルダーであるという自覚をもって企業と向き合っていかなければなりません。社会の中で倫理的な存在として、社会全体の発展に貢献することで、大学はすべてのステークホルダーと良好な関係を維持することができるでしょう。

第12章 大学職員に対する期待

1 大学職員への期待は大きい

(1) 大学職員が注目されている

　大学を取り巻く環境は大きな変貌を遂げようとしており、大学に求められる役割もそれらの環境変化に合わせて変化してきています。大学を取り巻く環境や大学に求められる役割の変化を踏まえ、大学改革が盛んに求められるようになり、それと同時に、大学職員のあり方についての議論も活気づくことになりました。大学改革において、大学のマネジメントの重要性が認識されるようになると、大学職員が大学運営に積極的に参画することが提言されるようになりました。

　教育面では学習成果を重視する学習者中心主義へシフトし、研究面では科学知識の生産様式が共同研究やプロジェクト型に移行する動きが加速しています（ギボンズ 1997）。このような大学の教育研究面の変化から、教育研究の支援というこれまでになかった役割も大学職員に期待されるようになっています。

　2004年の**国立大学の法人化***以降、公立大学の多くも法人化が進みました。それ以前の国公立大学の職員は、国や地方公共団体の職員という位置づけでしたが、法人化以降は各大学で独自の採用や昇進といった人事が始まりました。

　現在では、大学に必要な人材を確保するため、キャリア支援や広報などにおいて民間企業から専門的知識をもった職員を確保することも、国

公私立大学を問わず増えています。大学職員のあり方についての議論は、大学改革への関心の高まりと連動して、ますます活発になっています。

(2) 大学職員が研究の対象になる

日本で、大学職員が教育学の研究対象となったのは比較的最近のことです。大学職員についての本格的な研究が始まったのは1990年代以降といわれていますが、その背景には、大学を取り巻く環境や大学に求められる役割の変化を踏まえ、大学職員への関心が急速に高まったことがありました。

現在、高等教育関係の研究論文でも大学職員やSD*が対象になることはめずらしくなく、大学職員を特集した雑誌や書籍の出版は、枚挙にいとまがありません。たとえば、雑誌『IDE 現代の高等教育』では、近年では2年に1回ほど大学職員を特集していますが、このようなことは以前なら到底考えられないことでした。

大学職員を対象とした研究の内容はどういったものでしょうか。主なものとして、学生支援部門をはじめとした大学職員の専門職化の研究、海外の大学職員の紹介、大学職員の能力開発のプログラムに関するものなどです。

もっとも、大学職員にも多種多様な業務があり、大学職員を厳密に定義することは困難です。そのことが研究対象としての大学職員の議論を曖昧なものにしているともいえます。

(3) 大学職員自身も考えている

1990年代以降、少子化による大学の経営不安、法人化後の国公立大学職員の立場の変化、大学職員の**大学院***への進学や研究会への参加など、大学職員の知識やネットワークの広がりなどを背景に、大学職員自身によって大学職員のあり方を考える動きが広まってきました。

1997年には、「大学の行政管理について実践的、理論的に研究し、大学行政管理にたずさわる人材の育成をとおして、大学の発展に寄与する

こと」を目的として**大学行政管理学会***が設立されました。この**学会***は、私立大学の管理職職員を中心に始まりましたが、現在では、門戸を広げています。また、国立大学の法人化の直後の 2005 年には、大学マネジメント研究会（当初は国立大学マネジメント研究会）が設立されました。これら以外にも、各種の大学団体や地域 SD ネットワークによる大学職員を対象とした共同の研修会や研究会が開催されるなど、高等教育政策の理解、実践的知識の習得などを目的とした大学職員の自主的な活動が拡大しています。また、東京大学、名古屋大学、広島大学、桜美林大学などの大学職員を対象とした大学院の設立は、大学職員の自己研鑽を駆り立てるものになりました。

　このような大学職員自身の主体的な取り組みにも課題はあります。これらの取り組みの多くは、あくまで自己啓発的な活動が中心で、そこから大学職員が得た能力を担当職務や人事考課に反映させることは必ずしも容易ではありません。人事部門はもちろん、自己啓発に取り組んだ大学職員本人やその所属部署の上司などがそれぞれ対応すべき課題だといえるでしょう。

2　政策の中の大学職員を理解する

(1)　伝統的な大学職員の位置づけ

　大学改革の機運の中で、大学職員にも期待が寄せられるようになりました。それでは、その前の段階では、大学職員はどのように位置づけられてきたのでしょうか。

　大学以外の学校にも事務系の職員は存在します。在籍した高校に、卒業証明書や成績証明書の発行を依頼したことがありませんか。それらの手続きは、教員によってではなく、学校の事務職員によって行われているはずです。学校の事務職員の役割は、庶務、人事、経理、福利厚生などの事務処理を行うことに限定される傾向にあります。大学も学校の一種ですから、大学職員も学校職員の役割と重なる部分があります。しかし、初等・中等教育における学校と大学では、その性格が大きく異なります。

　大学には一定の裁量があり、大学の運営は大学自身にゆだねられている部分が大きいという特徴があります。また、大学には多様な目的や機能があり、非常に複雑な組織形態をとることが一般的です。そのような大学の特徴を踏まえると、一般の学校職員と比較して、大学職員の職務内容や役割の範囲が非常に大きいことがわかるでしょう。職種でいうと、庶務、会計、人事などの一般の事務業務のほかに教務、学生支援、国際交流、広報、学生獲得、キャリア支援、社会連携、図書館などの実に多様な職種があります。このように、大学職員の職務内容は多様であり、場合によっては実質的に現場の職員組織に権限を委託されていることが多いことも特徴です。学生支援や図書館の業務はその最たる例でしょう。

　しかしながら、大学の運営は大学教員が主体となって行うことが建て前とされ、大学職員が表に出ることや積極的に企画に参画することは、大学教員からも別の大学職員からも歓迎されないこともありました（江

> **コラム　大学職員の第〇世代**
>
> 　この業界では、「大学職員第一世代」という言葉があります。大学紛争を経験した一部の大学職員は、所属する大学が直面する問題状況を徹底的に調べ上げ、創意工夫を重ね、その大学固有の解決策を引き出すという経験を通じ、専門的な知識や技能を身につけたプロフェッショナル職員ともいうべき存在になりました。大学行政管理学会の創設（1997 年）に参集した大学職員の多くは、このような私立大学職員です（加藤 2010）。
> 　私が国立大学に勤務していたとき出会った尊敬すべき先輩職員にも共通の体験がありました。それは、開学間もない国立単科大学に新人として勤務し、大学教員やほかの大学職員と緊密な関係をもち、庶務、教務などの一通りの業務を経験したということでした。
> 　大学職員として成長するとき、周囲の環境と職務の体験が重要な鍵であると感じます。今後、国立大学の法人化に立ち会った世代、大学職員が大学院に進学し始めた世代など、それぞれの世代で共有する経験を武器に、大学職員の新たな価値を作り出していってほしいと思います。

原 1984）。また、大学職員の職務内容が多様であるとしても、大学職員の主な業務は、庶務、会計を中心としたものであるという考えが長く続いていました。

(2) 大学の運営の一端を担う

　大学職員の役割が管理業務を中心としたものであったのは、大学の運営が安定し、大学に求められる役割の変化が少なかったからといえるかもしれません。しかし、今日、大学の機能の多様化に伴い、大学職員に期待される職務内容や役割は増大してきました。大学の運営にかかわる戦略、企画、外部資金獲得など、これまでにあまり経験してこなかった要素が業務に加わりました。それらの業務を誰が担うかが問題になっています。

　2014 年の**中央教育審議会**＊による「大学のガバナンス改革の推進について」（審議まとめ）において、大学の迅速な改革が要請される中、

学長*のリーダーシップの確立とともに学長を補佐する体制の強化が提言されました。そこでは、大学執行部を支援し、大学の意思決定を支えるため、大学経営人材としての大学職員の育成があげられています。また、インスティチューショナル・リサーチャー、**アドミッション・オフィサー***などの大学経営を支える**専門職***の必要性も示されています。

現在のところ、大学経営人材を育成する仕組みや大学の人事制度は模索の段階といえるでしょう。**シェアードガバナンス***の確立と合わせて議論される課題でもあります。

これまでの慣習や組織文化の中で、大学は非公式のルールも含めて運営されています。したがって、経営の専門知識があれば大学経営人材になれるわけではありません。もちろん、大学や経営に関する知識は重要ですが、現場で**OJT***として実践的スキルを磨く以外の方法は十分に確立されていない状態です。いずれにしても、大学職員の役割として、大学経営にかかわる要素や職務が増大し、それに関する知識や能力の獲得が期待されていることは間違いありません。

(3) 学習支援を充実させる

大学がユニバーサル化の時代を迎え、大学教育は学習成果を重視する学習者中心主義へと展開しています。そのような教育観の変化の中で、大学職員の役割をどのように考えるべきでしょうか。

これまで大学職員は、授業から構成される**正課教育***には立ち入ることができないと考えるのが一般的でした。しかし、教員が何を教えるかという観点から、学生が何を学びどのような能力を身につけたかという観点に重点が変化したように、正課、正課外を問わず、学習支援への関与が大学職員の役割に加わると考えられるようになりました。

この点において、現在の大学で先頭を走っているのは図書館職員でしょう。**ラーニング・コモンズ***を整備している大学は、もはやめずらしいことではなくなっています。図書館職員を中心に、ライティングや文献検索のセミナーが頻繁に開催されている大学もあります。

学生がほかの学生の学習を支援する、いわゆる**ピアサポート**＊の取り組みも多くの大学が実施していますが、その活動の調整や支援に大学職員がかかわることも一般的です。また、ICT を活用した双方向型の教育やデータの蓄積による効率的な学習の促進も図られていますが、その際の大学職員による技術支援やインストラクターとしての役割も期待されています。

　今日の大学職員にとって、学習支援業務は注目される分野の 1 つといえます。一方で、教育は教員だけが担当するものという考えが根強く残っているのも事実で、教員との協働や役割分担が今後ますます重要となるでしょう。

(4)　研究支援を高度化する

　大学間の競争が激しくなる中で、大学にとって研究力の向上は名声のためだけではなく、学生募集や資金調達などのさまざまな面、ひいては大学経営においても重要であると考えられます。

　今日の研究活動で注目すべき点は、共同研究の増加や**競争的資金**＊の割合の増加など、研究の仕組みが大きな変貌を遂げていることです（ギボンズ 1997）。共同研究で必要なこと、たとえば、外国の大学と連携する際の手続きや外国の研究者を招く際のさまざまな手配、外部資金を獲得し運用するための知識や技能などは個々の研究者の能力の範囲を超えています。そこで、専門的に研究支援を行う、**リサーチアドミニストレーター**＊が必要とされるようになってきました。文部科学省では、リサーチアドミニストレーターの育成と確保に関して、2011 年と 2012 年に公募事業を行い、その結果 15 大学が採択されました。その後、急速にリサーチアドミニストレーターの数が増加しています。

　もっとも現在のリサーチアドミニストレーターは、一般的な意味での大学職員ではなく、研究者や民間企業出身者が多数を占めています。また、外部資金を原資にした任期付きの雇用が多く、安定した育成のシステムが整っているとまではいえません。

今日では多くの大学が研究支援の事務組織を整備し、一般の職員がリサーチアドミニストレーターとともに、研究資金獲得を中心とした研究支援業務を行うようになっています。

　また、2004年の国立大学の法人化を機に、知的財産は原則として機関帰属になり、所有する知的財産の活用に向けた取り組みが各大学で活発になりました。大学の研究成果を企業に技術移転するTLO*を設置した大学も多く、その中で働く職員は、契約処理や特許の取得や管理、企業との連携支援、起業支援などの業務を行っています。TLOでは専門的知識をもったスタッフを雇用していますが、一般の職員も専門スタッフの指導のもと、実務をこなし経験を積んでいくことになります。

3　大学職員の新たな課題を理解する

(1)　SDの義務化を理解する

　2017年4月の**大学設置基準***の改正によって、SDが義務化されることになりました。具体的には、大学設置基準に以下の項目が加わることになりました。

> 大学設置基準第42条の3
> 　大学は、当該大学の教育研究活動等の適切かつ効果的な運営を図るため、その職員に必要な知識及び技能を習得させ、並びにその能力及び資質を向上させるための研修（第25条の3に規定する研修に該当するものを除く。）の機会を設けることその他必要な取組を行うものとする。

　まず、最初の重要な点は、「職員」の範囲です。ここでの職員には、学長などの大学執行部や大学教員が含まれます。次に、**FD***との関係です。つまり、FDとして想定される「授業の内容及び方法の改善を図

るための組織的な研修及び研究」（第 25 条の 3）以外の「教育研究活動等の適切かつ効果的な運営を図るため」の研修などの取り組みがすべて SD であると読むことができます。

　要するに、FD が授業改善などの狭義の教育改革であるのに対し、SD は大学運営を含めた広義の大学改革に関する取り組みであるということです。その担い手が教員であるか職員であるかは問題にしていません。例をあげれば、その大学で**インスティチューショナル・リサーチ**＊ の業務を担うのが教員であれ職員であれ、IR に関する研修は SD となります。単純に、教員は FD、職員は SD という分類ではないのです。

　結局のところ、大学改革の担い手は誰か、教員や職員がどのような役割を担うのかは、その大学で判断すべき問題であり、そのうえでどのように職員の能力の向上を図るか、職員組織の体制、異動や雇用形態をどのように変えていくかは、各大学にゆだねられた課題であるといえるでしょう。

　このように大学に SD の機会の提供が義務づけられました。同時に、大学職員は自らその能力や資質を向上させることが求められていることを忘れてはいけません。

(2) 教職協働が求められている

　大学という職場では、教員と職員がそれぞれに役割と権限をもち、ともに働いています。主に教育研究を行う教員と管理業務を行う職員は異なる組織文化に属し、指揮命令系統や人事制度も大きく異なります。したがって、同じ機関に所属しながら、往々にして相互不信に陥ることがあるのも事実です。そこで、役割の異なる教員と職員が相互に協力し、大学を運営するという**教職協働**＊が政策においても唱えられています。

　2017 年 4 月の大学設置基準の改正により、以下のように、新たに教職協働の条項が加わりました。

大学設置基準第2条の3
　　大学は、当該大学の教育研究活動等の組織的かつ効果的な運営を図るため、当該大学の教員と事務職員等との適切な役割分担の下で、これらの者の間の連携体制を確保し、これらの者の協働によりその職務が行われるよう留意するものとする。

　具体的に教職協働が何を意味しているかは、さまざまな考えがあります。教員と職員とは協働しており、あたりまえのことをいまさら議論をするのかという意見もあります。一方で、教職協働というのは単に協力して働く以上の特別な意味が込められることがあります。たとえば、職員が教員と対等な立場で大学運営に参画することという意見もあれば、相互に職務範囲を明確化し、適切な分業体制を構築することという意見もあります。

　近年、大学の業務の多様化、複雑化により、教員と職員の伝統的な業務区分が曖昧になり、教員と職員の協働が必要となる取り組みが増加しています。例をあげると、受験生獲得のための説明会は誰の仕事でしょうか。教員でしょうか、職員でしょうか。それとも広報の専門家を雇うべきでしょうか。別の例をあげると、大学が申請する競争的資金の申請書は誰が作成すべきでしょうか。どちらも明快な答えがあるわけではなく、その大学の組織文化や組織を構成する人材に応じて、教員と職員が相互に信頼関係を構築して、ともに大学の目標達成のために活動することが求められています。

　新たな業務が増える中で、これからの職員には教員との関係がより重要になってくるでしょう。その際、相互に信頼し目的を共有できる関係を築けるよう、特定の分野で専門的な知識をもつ、教員の特性を把握する、業務の総合的な管理を行うなどの能力が大学職員に必要となるでしょう。

> **コラム　第三の職種**
>
> 　今後の大学職員像として、大学行政管理学会の初代会長を務めた孫福弘氏（1940-2004）は、行政管理職員や学術専門職員という新しい大学職員像を提言しました。行政管理職員とは、大学経営の専門家の受け皿として、教員でも事務職員でもない職種のことです。学術専門職員は、教育研究のスタイルの変化に応じて、教員も職員もカバーできない領域を担当する専門的な職種です。これらの職種は、狭い視野の専門家ではなく「開放型プロフェッショナリズム」と説明しました。（孫福 1998）
> 　第三の職種については、さまざまな考え方があり、職種として確立されているわけではありません。しかし、現在の大学では、教育研究に直接かかわらないものの、典型的な事務業務でもない、広く大学運営にかかわる業務も数多く存在します。第三の職種のポストが確保されているわけではありませんが、職務内容としては第三の職種と同様の業務をこなしている教員や職員がすでに存在しているといえるのかもしれません。

(3)　専門職化の議論もある

　大学職員が専門性を向上させ、今後の大学改革の一翼を担う必要性があることは、誰もが同意するところでしょう。しかし、直ちに大学職員が専門職化されたり大学教員と大学職員以外の専門職である第三の職が拡大したりする状況にはありません。

　なぜなら、日本の大学職員はジェネラリストとして採用され、職務の範囲や量が明確でなく、第一に組織に所属するという雇用形態にあるからです。大学職員が定期的に部署を異動する理由もここにあります。また、アメリカの主要大学と比較すると、日本の大学の職員数は相対的に少なく、第三の職に人員を割く余裕はほとんどありません。シェアードガバナンスの仕組みが十分に確立していない日本の大学では、個々の専門性を発揮できる場が少ないともいえます。このような理由から、大学職員の専門職化が急速に拡大する状況になっていません。

　大学職員の専門職化の例として、中央教育審議会大学分科会「大学のガバナンス改革の推進について」（審議まとめ）では、リサーチアドミ

ニストレーター、インスティテューショナル・リサーチャー、産学官連携コーディネーター、アドミッション・オフィサー、カリキュラム・コーディネーターなどがあげられました。しかし、これらの職種を誰が担うか、どのように育成するかはまだ明確になっていません。大学職員の専門職化は、現在も未確定の部分を多く残しています。

　大学職員の専門職化と大学職員の専門性の向上とがあまり区別されずに議論されることもあるようです。専門職化が進むかは別にしても、大学はほかの機関とは異なる独自の目的や役割があるため、特定の領域で専門的な能力が要請されていることは確かなことでしょう。特に、大学経営や教育研究支援にかかわる部門において、専門性を向上させ、大学の価値の向上に貢献することが大学職員に期待されていることに間違いはありません。

4　環境の変化に対応する

(1)　責務の基本に立ち返る

　個々の大学職員が能力を向上させることは、もちろん大切です。そして、大学職員にとって、大学の教育研究活動の改善やそのための効果的な大学運営に寄与することはもっとも重要な責務です。

　大学職員の責務を果たすためには、社会や大学の変化に対応し、大学職員自身が変わる必要があります。新しい知識や技能を習得するためには学び続けなければなりません。大学が環境の変化に対応するためには、組織として高度化し、変化し続ける必要があるのです。

(2)　環境変化や大学の戦略を意識する

　大学職員が自ら学び、能力を高め、同時に組織に貢献するために大切なことは、その能力開発が高等教育政策や**ステークホルダー***の動向を踏まえたものになっているか、また自身が所属する大学の戦略に合致し

たものになっているかという観点です。

　大学職員はステークホルダーの満足度を高める、外部資金を獲得する、プロジェクトを成功させる、業務を効率化させるなどの目的をもって業務にあたっています。そこでの達成の鍵は、たとえば外部資金の獲得であれば、高等教育政策の方針と自大学の戦略を十分に理解することです。つまり、大学職員に必要な知識や能力とは、変化する環境と自分の置かれた立場の正確な認識であり、大学職員の能力開発は、その目的のためになされて初めて効果的な取り組みとなるのです。

(3)　ほかの大学職員とともに成長する

　環境の変化や大学の状況を認識するといっても、それは簡単なことではありません。さまざまな学習の機会を活用したり、自学自習したりすることは重要ですが、それだけでは十分とはいえません。

　自身の認識が間違っていないか、学習が十分かどうかは、他者との交流の中で初めて確認できることであり、相互に影響しあいながらともに成長する必要があります。学び続ける大学職員が、部署や職場を越えたネットワークを形成すべき理由がここにあります。

　アメリカの社会学者のグラノヴェターが提唱した「ウィーク・タイ」という概念も参考になるでしょう（グラノヴェター 2006）。同じ部署の同僚のようなストロング・タイ（強い結びつき）に比べて、他部署や他大学の職員のようなウィーク・タイ（弱い結びつき）が、個人の成長や組織の発展にはむしろ重要であるという考え方です。大学の事務組織は部署ごとの論理が強くはたらき、ともすると内向きの思考が支配的になることがあります。ウィーク・タイの関係を構築しておくことで、内部の論理を越えた大学全体の利益や大学職員としての可能性を広げることにつながるはずです。大学職員の成長は、個人の成長にとどまるものではありません。ほかの大学職員、ひいては大学とともにあるのです。

資　料

1　主要法令

基本法令
日本国憲法（昭和 21 年 11 月 3 日）
教育基本法（平成 18 年 12 月 22 日法律第 120 号）
学校教育法（昭和 22 年 3 月 31 日法律第 26 号）
学校教育法施行令（昭和 28 年 10 月 31 日政令第 340 号）
学校教育法施行規則（昭和 22 年 5 月 23 日文部省令第 11 号）

学位
学位規則（昭和 28 年 4 月 1 日文部省令第 9 号）

設置基準
大学設置基準（昭和 31 年 10 月 22 日文部省令第 28 号）
高等専門学校設置基準（昭和 36 年 8 月 30 日文部省令第 23 号）
大学院設置基準（昭和 49 年 6 月 20 日文部省令第 28 号）
短期大学設置基準（昭和 50 年 4 月 28 日文部省令第 21 号）
大学通信教育設置基準（昭和 56 年 10 月 29 日文部省令第 33 号）
短期大学通信教育設置基準（昭和 57 年 3 月 23 日文部省令第 3 号）
専門職大学院設置基準（平成 15 年 3 月 31 日文部科学省令第 16 号）
専門職大学設置基準（平成 29 年 9 月 8 日文部科学省令第 33 号）
専門職短期大学設置基準（平成 29 年 9 月 8 日文部科学省令第 34 号）

国立大学
国立大学法人法（平成 15 年 7 月 16 日法律第 112 号）
国立大学法人法施行令（平成 15 年 12 月 3 日政令第 478 号）
国立大学法人施行規則（平成 15 年 12 月 19 日文部科学省令第 57 号）
国立大学等の授業料その他の費用に関する省令（平成 16 年 3 月 31 日文部科学省令第 16 号）

公立大学
地方教育行政の組織及び運営に関する法律（昭和 31 年 6 月 30 日法律第 162 号）
地方教育行政の組織及び運営に関する法律施行令（昭和 31 年 6 月 30 日政令第 221 号）
地方独立行政法人法（平成 15 年 7 月 16 日法律第 118 号）

私立大学
私立学校法（昭和 24 年 12 月 15 日法律第 270 号）
私立学校法施行令（昭和 25 年 3 月 14 日政令第 31 号）
私立学校法施行規則（昭和 25 年 3 月 14 日文部省令第 12 号）
私立学校振興助成法（昭和 50 年 7 月 11 日法律第 61 号）
私立学校振興助成法施行令（昭和 51 年 11 月 9 日政令第 289 号）
学校法人会計基準（昭和 46 年 4 月 1 日文部省令第 18 号）

教職員
労働基準法（昭和 22 年 4 月 7 日法律第 49 号）
労働基準法施行規則（昭和 22 年 8 月 30 日厚生省令第 23 号）
労働組合法（昭和 24 年 6 月 1 日法律第 174 号）
大学の教員等の任期に関する法律（平成 9 年 6 月 13 日法律第 82 号）
教育公務員特例法（昭和 24 年 1 月 12 日法律第 1 号）
教育公務員特例法施行令（昭和 24 年 1 月 12 日政令第 6 号）
男女共同参画社会基本法（平成 11 年 6 月 23 日法律第 78 号）
雇用の分野における男女の均等な機会及び待遇の確保等に関する法律（昭和 47 年 7 月 1 日法律第 113 号）

教職課程
教育職員免許法（昭和 24 年 5 月 31 日法律第 147 号）
教育職員免許法施行令（昭和 24 年 9 月 19 日政令第 338 号）
教育職員免許法施行規則（昭和 29 年 10 月 27 日文部省令第 26 号）

保健安全
学校保健安全法（昭和三 33 年 4 月 10 日法律第 56 号）
学校保健安全法施行令（昭和 33 年 6 月 10 日政令第 174 号）
学校保健安全法施行規則（昭和 33 年 6 月 13 日文部省令第 18 号）

障害者
障害者基本法（昭和 45 年 5 月 21 日法律第 84 号）
発達障害者支援法（平成 16 年 12 月 10 日法律第 167 号）
発達障害者支援法施行令（平成 17 年 4 月 1 日政令第 150 号）
発達障害者支援法施行規則（平成 17 年 4 月 1 日厚生労働省令第 81 号）
身体障害者福祉法（昭和 24 年 12 月 26 日法律第 283 号）

出入国管理
出入国管理及び難民認定法（昭和 26 年 10 月 4 日政令第 319 号）
出入国管理及び難民認定法施行規則（昭和 56 年 10 月 28 日法務省令第 54 号）

科学技術
科学技術基本法（平成 7 年 11 月 15 日法律第 130 号）
大学等における技術に関する研究成果の民間事業者への移転の促進に関する法律（平成 10 年 5 月 6 日法律第 52 号）

知的財産
知的財産基本法（平成 14 年 12 月 4 日法律第 122 号）
著作権法（昭和 45 年 5 月 6 日法律第 48 号）
特許法（昭和 34 年 4 月 13 日法律第 121 号）

情報管理
個人情報の保護に関する法律（平成 15 年 5 月 30 日法律第 57 号）
個人情報の保護に関する法律施行令（平成 15 年 12 月 10 日政令第 507 号）
独立行政法人等の保有する個人情報の保護に関する法律（平成 15 年 5 月 30 日法律第 59 号）
独立行政法人等の保有する個人情報の保護に関する法律施行令（平成 15 年 12 月 25 日政令第 549 号）
行政機関の保有する情報の公開に関する法律（平成 11 年 5 月 14 日法律第 42 号）

社会教育
社会教育法（昭和 24 年 6 月 10 日法律第 207 号）
生涯学習の振興のための施策の推進体制等の整備に関する法律（平成 2 年 6 月 29 日法律 71 号）
図書館法（昭和 25 年 4 月 30 日法律第 118 号）
学校図書館法（昭和 28 年 8 月 8 日法律第 185 号）
博物館法（昭和 26 年 12 月 1 日法律第 285 号）

2 高等教育関連年表

西暦	和暦	月	事項
1871	明治 4	7	文部省設置
1872	明治 5	8	学制公布
1877	明治 10	4	東京大学設置（東京開成学校と東京医学校の統合）
1879	明治 12	9	教育令公布（～1886 年。学制廃止）
1885	明治 18	12	内閣制度発足後、初の文部大臣に森有礼が就任
1886	明治 19	3	帝国大学令公布（東京大学は帝国大学と改称）
1889	明治 22	2	大日本帝国憲法公布
1894	明治 27	6	高等学校令（高等中学校を高等学校に改組）
1897	明治 30	6	京都帝国大学設置（帝国大学は東京帝国大学と改称）
1899	明治 32	8	私立学校令公布
1903	明治 36	3	専門学校令公布
1918	大正 7	12	大学令公布（帝国大学以外の大学の設置が可能となる）
1920	大正 9	2	慶應義塾大学、早稲田大学が認可
		4	明治大学、法政大学、中央大学、日本大学、国学院大学、同志社大学が認可
1921	大正 10	4	大学の学年暦の開始を 9 月から 4 月に変更
1932	昭和 7	12	日本学術振興会創設
1933	昭和 8	5	京大滝川事件
1943	昭和 18	12	在学徴集延期臨時特例公布（学徒出陣）、大日本育英会創設
1946	昭和 21	3	アメリカ教育使節団来日
		11	日本国憲法公布（1947 年 5 月施行）
1947	昭和 22	3	教育基本法公布、学校教育法公布
		4	新しい学制の発足（6・3・3・4 制）
		7	大学基準協会設立
1948	昭和 23	1	大学設置委員会設置
		3	日本私立大学協会設立
		4	新制大学発足
1949	昭和 24	5	学校教育法の改正（短期大学の成立）、国立学校設置法公布
		12	私立学校法公布
1950	昭和 25	7	国立大学協会設立

年	和暦	月	事項
		8	第二次アメリカ教育使節団来日
1951	昭和26	6	大学入学資格検定規程制定
		7	日本私立大学連盟設立
1952	昭和27	2	東大ポポロ事件（大学の自治をめぐる問題）
		6	中央教育審議会設置
1953	昭和28	4	新制大学院発足
1954	昭和29	7	民主教育協会（IDE）設立
1956	昭和31	5	科学技術庁発足
		10	文部省「大学設置基準」制定公布
1957	昭和32	11	文部省「科学技術者養成拡充計画」発表
1962	昭和37	4	高等専門学校発足
1963	昭和38	1	中央教育審議会「大学教育の改善について」（答申）
1968	昭和43		大学紛争激化
1970	昭和45	5	日本私学振興財団法公布
1971	昭和46	6	中央教育審議会「今後における学校教育の総合的な拡充整備のための基本的施策について」（答申）
1974	昭和49	6	文部省「大学院設置基準」制定公布
1975	昭和50	4	文部省「短期大学設置基準」制定公布
		7	私立学校振興助成法公布
1976	昭和51	3	高等教育懇談会「昭和五十年代前期高等教育計画」発表（高等教育計画等（～2004年）の開始）
1977	昭和52	6	大学入試センター発足
1979	昭和54	1	共通第1次学力試験実施（～1989年）
		12	一般教育学会（現大学教育学会）設立
1981	昭和56	6	放送大学学園法公布
		10	文部省「大学通信教育設置基準」制定公布
1984	昭和59	9	臨時教育審議会発足
1987	昭和62	9	大学審議会発足
1990	平成 2	1	大学入試センター試験実施（～2020年）
1991	平成 3	6	大学設置基準、学位規則等の改正（設置基準の大綱化）
		7	学位授与機構（現大学改革支援・学位授与機構）設置
1995	平成 7	11	科学技術基本法公布
1996	平成 8	4	全国大学教育研究センター等協議会発足
1997	平成 9	1	大学行政管理学会設立
		7	高等教育学会設立
1998	平成10	5	大学等技術移転促進法（TLO法）公布

年		月	事項
2000	平成12	10	大学審議会「21世紀の大学像と今後の改革方針について―競争的環境の中で個性が輝く大学」（答申）
		6	文部省「大学における学生生活の充実方策について（報告）―学生の立場に立った大学づくりをめざして―」（「廣中レポート」）発表
2001	平成13	1	中央省庁再編により、文部省と科学技術庁が統合され、文部科学省発足
2002	平成14	6	遠山文科大臣、「大学（国立大学）の構造改革の方針」（経済財政諮問会議）（遠山プラン）提出、「21世紀COEプログラム」開始
		10	文部科学省「大学新設規制」撤廃
2004	平成16	4	国立大学法人発足、国立高専機構発足、法科大学院設置、学生支援機構設置、学校教育法の改正（認証評価制度の開始）
2005	平成17	1	中央教育審議会「我が国の高等教育の将来像」（答申）
		9	中央教育審議会「新時代の大学院教育―国際的に魅力ある大学院教育の構築に向けて―」（答申）
2006	平成18	12	教育基本法改正（大学に関する項目の新設）
2008	平成20	12	中央教育審議会「学士課程教育の構築に向けて」（答申）
2013	平成25	11	文部科学省「国立大学改革プラン」策定
2014	平成26	12	中央教育審議会「新しい時代にふさわしい高大接続の実現に向けた高等学校教育、大学教育、大学入学者選抜の一体的改革について」（答申）
2016	平成28	5	中央教育審議会「個人の能力と可能性を開花させ、全員参加による課題解決社会を実現するための教育の多様化と質保証の在り方について」（答申）
2017	平成29	5	学校教育法の改正（専門職大学、専門職短期大学の成立。設置は2019年4月）
2018	平成30	11	中央教育審議会「2040年に向けた高等教育のグランドデザイン」（答申）
2021	令和3	1	大学入学共通テスト実施

3　用語集　＊用語のあとの数字は、本書中に登場するページです。

FD　→ 20, 35, 100, 146
教員が授業内容・方法を改善し向上させるための組織的な取り組みの総称。ファカルティ・ディベロップメントの略。教育相互の授業参観の実施、授業方法についての研究会の開催、新任教員のための研修会の開催などが具体例である。大学設置基準によって、FD の実施が大学に義務づけられている。

OJT　→ 144
管理監督者の責任のもとで日常の業務につきながら行われる教育。職場内訓練ともいわれ、部下への指導や育成と同義で用いられることもある。業務の最中に行う指導、個人学習の指示やアドバイス、目標や評価の面談、キャリア開発の指導などが含まれる。

SD　→ 140
教育研究活動などの適切かつ効果的な運営を図るため、必要な知識および技能を習得させ、さらにその能力および資質を向上させるための研修。スタッフ・ディベロップメントの略。従来は職員を対象とした能力開発と理解されることがあったが、大学設置基準の規定によって、事務職員だけでなく、教員、大学執行部、技術職員なども対象者として含まれる。

SWOT 分析　→ 121
経営戦略を策定するために用いられる手法。組織の外部環境を強みと弱みの観点から、内部環境を機会と脅威の観点から分析することで、環境変化に対応した経営資源の最適活用を目指す。強み（Strengths）、弱み（Weaknesses）、機会（Opportunities）、脅威（Threats）の頭文字から SWOT 分析と呼ばれる。

TLO　→ 146
技術移転機関。Technology Licensing Organization の略称。大学の研究者の研究成果を特許化し、それを企業へ技術移転する法人であり、産業界と大学の仲介役の役割を果たす組織である。大学発の新規産業を生み出し、それにより得られた収益の一部を研究者に戻すことにより研究資金を生み出し、大学の研究のさらなる活性化を目指す。

アクティブラーニング　→ 18, 38, 84
伝統的な教員による一方向的な講義形式の教育とは異なり、学習者の能動的な学

習への参加を取り入れた教授・学習法の総称。グループ・ディスカッション、ディベート、グループワーク、発見学習、問題解決学習、体験学習、調査学習などが含まれる。

アクレディテーション　→ 51
教育課程、教員組織、管理運営体制、財政状況などの側面から総合的に大学としての質を備えているかどうかを評価する制度。社会的に大学と認められるための手段といえる。アメリカにおいて任意の大学団体が、その団体が作成した評価基準に則して個々の大学の教育の質を認定してきた評価制度である。政府による評価ではなく大学団体による評価を行うシステムであり、アメリカ固有の制度的条件下で発展した制度である。

アドミッション・オフィサー　→ 144
アメリカの大学をモデルとした入学者受け入れのための専門の職員。入学試験が学力による選抜から大学と志願者のマッチングの問題に移行する中で、その必要性が想定されている。

アドミッション・オフィス入試（AO入試）　→ 9, 18
受験生の能力・適性や学習に対する意欲、目的意識などを総合的に判定しようとする選抜方法。アドミッション・オフィス入試には法令上の定義はなく、その具体的な内容は各大学の創意工夫にゆだねられている。学力検査に偏ることなく、詳細な書類審査と時間をかけた丁寧な面接などを組み合わせたきめ細かな入試であることが特徴である。

アドミッション・ポリシー　→ 18, 48, 132
入学者の受け入れに関する方針。各大学・学部などがその教育理念や特色などを踏まえ、どのような教育活動を行い、どのような能力や意欲、適性などを有する学生を求めているのかなどの方針をまとめたものである。入学者の選抜方法や入試問題の出題内容などにはこの方針が反映されている。学校教育法施行規則において、カリキュラム・ポリシーやディプロマ・ポリシーとともに公表することが義務づけられている。

一般教育　→ 30
職業教育、専門教育に対し、共通して行われるべき基本的な教育。広い教養を与え、学問の専門化によって起こりうる課題に対し、知識の調和を保ち、総合的かつ自主的な判断力を養うことを目的として、新制大学の発足とともに取り入れら

れた。専門の基礎または準備のためと混同され、画一的、形式的な内容になっているという指摘もある。

インスティチューショナル・リサーチ → 122,147
大学における諸活動に関する情報を収集・分析することで大学の質の向上を支援し、外部に対して説明責任を果たす活動。具体的には、学生への教育活動とその成果の検証、認証評価や自己点検・評価への対応、中長期計画の策定などを行う。IRと略される。この業務に従事する者を、インスティチューショナル・リサーチャーと呼ぶ。

インターンシップ → 127
職場の監督下での一定期間の職業経験。学生の専攻分野に関連した業務にかかわるものかどうか、フルタイムかパートタイムか、有給か無給か、短期間か長期間かなど形態はさまざまであるが、キャリア意識の涵養、職業的技能・態度・知識の獲得を目的に実施されている。インターンシップを正規の授業として単位化する大学もある。

運営費交付金 → 5,17,55,134
国立大学法人の基盤的経費の安定的な確保と機能強化への重点支援として国から交付される経費。公立大学法人運営費交付金の場合は、公立大学法人を設置している地方公共団体が配分する。学生数などの客観的な指標に基づく各大学共通方式により算出される学部教育等標準運営費交付金と各大学の教育研究活動実態に応じ必要な所要額により算出される特定運営費交付金に分けられる。

駅弁大学 → 33
戦後の教育改革により次々に設立された新制大学を揶揄する言葉。当時、駅弁が売られていた駅がある町には新しい大学があるといわれたことが由来である。それ以前に設置された大学と比較して、入試難易度や知名度が低く実績に乏しい新設の地方の国立大学を指して用いられた。

エリート段階 → 11,136
大学進学が家柄や才能のある一部の少数者の特権である大学の発展段階。教育学者のマーチン・トロウによって提案された概念で、該当年齢人口に占める大学進学率が15％までの段階をいう。日本の場合は、1960年代前半までの大学があてはまる。

科学の制度化 → 29

科学が社会の中で継続的に行われるように制度が発展すること。19世紀、科学の専門分野が確立し、科学的知識をもつことが職業として成り立つようになり、学会も整備された。同時に科学教育が高等教育機関において導入されるようになった。このように科学が社会システムとして機能するようになったことを科学の制度化という。

学位 → 6, 15, 80, 126

大学などの高等教育機関が能力を証明するために与える称号。名称や称号を与える方針は国によって異なる。日本では、文部科学大臣が定める学位規則で、学位の名称や授与するための条件などが定められている。

学士 → 6, 23

大学を卒業した人に与えられる学位。学士を取得するには、卒業に必要な単位を修得することが求められる。大学設置基準において、4年以上の在学と124単位以上の修得が、医学などの一部の専門分野を除いて卒業要件として定められている。国際的にはBachelorに相当する。短期大学へ進学した場合は、卒業時に短期大学士が授与される。

学長 → 3, 68, 80, 119, 144

大学の長として校務をつかさどり、所属の教職員を統括する者。大学設置基準第13条の2において、「学長となることのできる者は、人格が高潔で、学識が優れ、かつ、大学運営に関し識見を有すると認められる者とする」と学長の資格が規定されている。

学問の自由 → 7, 79, 97

学問的活動が知的好奇心に基づくものであり、外部の権威から介入や干渉をされることなく自由に行われるべきであるという考え方。日本国憲法第23条において、「学問の自由は、これを保障する」と規定されている。学問研究の自由、研究発表の自由、教授の自由が含まれ、これらを担保するための大学の自治の保障も含むと考えられている。

学会 → 29, 91, 112, 141

専門分野を共有する研究者や職業専門人の団体、もしくはその団体の集会。学会員は研究の成果を学会誌や集会で発表して批判や承認を受ける。学会は専門分野に対応しており、新しい専門分野ができると新しい学会が設立され分化していく

傾向にある。

学校教育法 → 3, 42, 68, 80, 103
1947年に制定された日本の学校体系などを定めた法律。幼稚園、小学校、中学校、義務教育学校、高等学校、中等教育学校、特別支援学校、大学、高等専門学校について、在学すべき年数などの基本的な事項が定められている。学校教育法で定められた事項を具体的にどのように取り扱うかについては、学校教育法施行規則で定められている。

学校法人 → 17, 41, 43, 55, 68, 108
私立学校を設置するにあたり必要となる法人格。1949年の私立学校法で規定される。日本においては、特区のような例外的な場合を除き、学校法人以外の私法人が学校を設置することはできない。

学校法人会計基準 → 56
私立学校振興助成法により公的補助を受ける学校法人が、会計処理・財務計算を行うためにしたがうべき基準。私立学校法第59条第8項に基づき文部省令第18号にて制定される。学校法人会計の原則として、真実性の原則、複式簿記の原則、明瞭性の原則、継続性の原則の4つが示されている。

ガバナンス → 83
意思決定を制御する組織的な構造と過程。大学は学問の自由に基づいて活動しており、構成員の合意を重視してきた歴史的経緯もあり、ガバナンスのあり方は一般的な企業などとは異なる。近年は教授会の役割を限定して大学としてのリーダーシップを強化する方向に大学改革の流れがある。

株式会社立大学 → 45, 55
株式会社が設置主体となって設立した大学。学校教育法第2条において、学校の主体は国、地方公共団体及び学校法人に限定されているが、2003年施行の構造改革特別区域制度で、地方公共団体が内閣総理大臣の認定を受けた場合に認められる。

科目ナンバリング → 16, 84
授業科目に適切な記号や番号を付し分類することで、学習の段階や順序などを表し、教育課程の体系性を明示する仕組み。ナンバリング、コースナンバリングとも呼ばれる。本来的には、大学内における授業科目の分類、複数大学間での授業

科目の共通分類という2つの意味をもつ。対象とするレベルや学問の分類を示すことは、学生が適切な授業科目を選択する助けとなる。また、科目同士の整理・統合と連携により教員が個々の科目の充実に注力できるといった効果も期待できる。

カリキュラム → 7,30,42,68,96,109,124,131
教育目標を達成するために、学校が計画的に編成する教育内容の全体計画。学習者に与えられる学習経験の総体と広くとらえられる場合もある。行政用語として教育課程も使用されるが、教育課程はカリキュラムの中でも特に制度化され計画化された部分を指す。大学のカリキュラム編成においては、各機関に大きな裁量が委ねられている。

カリキュラム・ポリシー → 18,48,132
教育課程の編成および実施に関する方針。ディプロマ・ポリシーで定めた教育目標を達成するために、どのようにカリキュラムを編成し実施するのかの方針をまとめたものである。学校教育法施行規則においてアドミッション・ポリシーやディプロマ・ポリシーとともに公表することが義務づけられている。

監査 → 63,77
法令や学内規程などの基準と照らして、業務や財務会計の状況に問題がないか確認をすること。多くの大学では、業務監査と会計監査を定期的に実施しており、監査結果を踏まえ、基準に適合するように改善が行なわれる。

監事 → 63,77,84
法人の業務を監査する機関または役職。理事や教職員は監事になることはできない。多くの大学では、非常勤として雇用されている。

官僚制 → 32,83,113
指揮命令系統が明確で、あらかじめ定められた規則などを拠り所にして職員1人1人が仕事をすることにより、比較的大きな規模の組織を安定して運営するためのシステム。社会学者のマックス・ウェーバーが提唱した。個人の能力にかかわらず組織運営ができるが、規則などに定められていない新しい内容への対応が難しいといった課題もある。

キー・プロフェッション → 93
専門職を養成する専門職という性格を備えている大学教員を示す言葉。社会歴史

学者のパーキンが使用した。大学教員は、弁護士や医師といったほかの専門職を養成しているという点で一般的な専門職とは異なる特徴をもっている。

寄附行為 → 68
学校法人の設立者がその設立の目的として作成したもっとも基本的な事項について定めた根本規則。私立学校法で定められており、目的、名称、学校名、所在地、役員の規定、理事会の規定などが含まれる。社団法人の定款にあたる。

キャップ制 → 15
1年間あるいは1学期間に履修登録できる単位の上限を設ける制度。予習や復習など教室外における学習時間を担保し単位制度を実質化する手段に位置づけられる。大学設置基準に規定されているが、成績優秀者には上限を超えて登録を認めることができることも示されている。キャップ（帽子）をかぶせるという比喩から上限設定を意味する。CAP制と記されることもある。

教育基本法 → 5, 43, 59, 71, 79, 131
日本の教育に関する原則を定めた法律。教育に関する法令の運用や解釈の基準となる性格をもつことから教育憲法と呼ばれることもある。前文と18条から構成される。1947年に制定され、2006年に全面的に改正された。

教育の機会均等 → 55
教育を受ける機会は均等であるべきことを示した言葉。人種、信条、性別、社会的身分、経済的地位、出身など能力以外の要因によって差別されることなく、各人に等しく教育の機会が与えられることである。日本国憲法や教育基本法などで定められている。

教育の質保証 → 15, 50
教育機関が提供する教育が確かなものであることを示す行為。法令に明記された最低基準としての要件や認証評価などで設定される評価基準に対する適合性の確保に加え、自らが意図する成果の達成や関係者のニーズの充足といったさまざまな質を確保することが求められる。

教学 → 3, 79
教育と学問のこと。特に私立大学において大学の運営を教学と経営の2つに分けて組織が構成されることが多い。教学面の責任者は学長であり、経営面の責任者は理事長である。

教授会 → vi, 3, 46, 72, 80, 119
学部などにおかれる合議制の仕組み。構成員は教授に限らず准教授などの教員が含まれることも多いが職員が入ることはほとんどない。現在の教授会は学校教育法に基づいているが、旧制大学以来の学部自治の伝統の中で、実質的には大きな権限をもつことが多い。

教職協働 → 102, 147
教員と職員とが目標を共有し協力して業務を遂行すること。教育研究活動などの組織的かつ効果的な運営を図るために必要性が認識されるようになった。大学設置基準第2条の3に教員と職員の連携及び協働が示されている。

競争的資金 → 82, 119, 134, 145
個人や組織の申請内容の評価に基づき配分する資金。学生数や教員数などに基づいて配分される基盤的経費と対比される。科学研究費補助金のような研究費が代表的であるが、教育経費についても各大学の申請書に基づき配分される事業がある。

共同研究 → 65
民間企業などから研究者や研究経費を大学に受け入れて共同で、または分担して行う研究。大学の産学連携の1つの形態である。個人研究と比較して複数の研究者によって行われる研究も共同研究と呼ぶので注意が必要である。

ギルド → 5, 98
中世から近代まで続いたヨーロッパの共同・同業組合組織。保護ギルド、宗教ギルド、商人・手工業ギルドに大別される。生業原理に基づく同業者の共存共栄のために組織された。中世に誕生した大学も、ギルドの一種と考えられている。自由主義経済思想の普及に伴い、営業の自由の原理に基づいて、18〜19世紀には廃止されていった。

クラウドファンディング → 66
不特定多数の人が主にインターネット経由でほかの人々や組織に財源の提供や協力などを行うこと。ソーシャルファンディングとも呼ばれる。

建学の精神 → 118
私立学校の設置にあたって共通の認識となる理念。私立大学の場合、特定の創設者によって大学建学の精神や理念が語られ、その後の大学のアイデンティティに

なる。

合議制 → 69
対等な立場にある複数の人で話し合いをして意思決定を行うこと。事前に利害関係が調整できる利点がある一方で、責任の所在があいまいになるという課題もある。

講座制 → 32, 81
学部もしくは学科のもとに、さらに細分化された専門分野ごとに教授を中心として形成された組織制度。特定の専門分野の教育と研究に責任をもつ。研究室制度に近いが、教授、准教授、助教、大学院生などの階層性や閉鎖性を強調する場合に使用されることがある。

厚生補導 → 40, 103
学生に対する課外活動、就職および健康支援など正課外での支援の総称として使われる。戦後、アメリカの大学で行われていた Student Personnel Services の日本語訳である。大学設置基準で専任の職員を置いた厚生補導の組織を設置することが記されている。

高等教育 → 4, 24, 32, 137
初等教育、中等教育に続く最終段階の教育。一般的に高等学校の卒業が入学資格である。日本では、大学、大学院、短期大学、高等専門学校の4年以上、専修学校の専門課程、文部科学省所管外の省庁大学校などが含まれる。

高等教育計画 → 35
1976年以降、政府主導のもと高等教育の整備を図った政策。5か年単位で5回打ち出され、学生定員を管理、抑制し、大都市での大学の新設や増設を原則として認めない方策がとられた。

公立大学協会 → 127
公立大学を会員とする一般社団法人。1949年に設立された。公立大学の振興と日本の高等教育および学術研究の水準の向上と均衡ある発展に寄与することを目的としている。現在の会員は93大学である。

国立大学協会 → 127
国立大学法人を正会員とする一般社団法人。1950年に設立された。国立大学法

人の振興と日本の高等教育および学術研究の水準の向上と均衡ある発展に寄与することを目的としている。現在、正会員の全国 86 の国立大学とともに、特別会員の 4 機構で構成されている。

国立大学の法人化 → 9, 119, 139
文部科学省の一部に位置づけられていた国立大学に法人格をもたせ、分離・独立させた制度変更。2003 年に国立大学法人法が成立し、2004 年 4 月に 87 校の国立大学すべてに法人格が付与された。

コスト・リーダーシップ戦略 → 123
競合他社よりも低いコストを実現することにより、競争優位を確立する戦略。経営学者のマイケル・ポーターが提唱した 3 つの基本戦略の 1 つである。

コンプライアンス → 77
法令遵守のこと。単に法令を遵守するだけでなく倫理や社会規範にしたがうことを含む場合もある。大学には公共性があるため、高い倫理観に基づく業務執行が期待されている。

財務諸表 → 55
財政やその運営状況が示されている計算書類の総称。大学では国公立大学と私立大学で名称や作成されている書類の種類が異なる。双方の設置種別で共通して作成されている計算書類には、法人の資産、負債および純資産の状況を表すものや、事業年度における資金の動きを示したもの、現金の入出金を記録したものがある。

裁量労働制 → 96
業務の遂行の手段や時間配分の決定について具体的な指示を受けない労働形態。業務の性質上その遂行方法を労働者の裁量にゆだねる必要がある場合に用いられる。

差別化戦略 → 123
競争基本戦略の 1 つで、他社との差別化を図ることで競争優位を実現する戦略。企業には他社との差別化を実現することが必要で、製品やサービス自体の差別化とマーケティング活動の差別化の両面が考えられる。経営学者のマイケル・ポーターが提唱した 3 つの基本戦略の 1 つである。

産学連携 → 9, 95, 138
新技術の研究開発や、新事業の創出を図ることを目的として、民間企業が大学などの教育機関と連携すること。大学の研究成果を産業界へ移転しやすくするため、国は大学等技術移転促進法の制定や、技術移転機関制度の創設、大学発ベンチャー創出の促進などの環境整備を行っている。政府・地方公共団体がかかわる場合は、産学官連携や産官学連携ともいう。

シェアードガバナンス → 85, 144
理事会、学長、教職員などがガバナンスを共有すること。場合によっては現場に権限が委任される。理事会は長期的経営、学長は日常的な運営、教員は教学面とそれぞれの役割と権限を有し、それぞれが対立する場合には時間をかけた意思決定のプロセスを踏むのが通常である。

私学助成 → 36, 55
国および地方公共団体が行う、私立の教育施設の設置者、および、私立の教育施設に通う在学者に対する助成。教育研究条件の維持向上、修学上の経済的負担の軽減、経営の健全性を高めるための私立大学等経常費補助金、私立の高等学校、中等教育学校、中学校、小学校、幼稚園および特別支援学校を対象とする私立高等学校経常費助成費等補助金のほか研究施設・装置を対象とする私立学校教育研究装置等施設整備費補助金などがある。

私的収益率 → 59
教育を人的資本への投資とみた場合の収益率。大学進学で得られる追加的な生涯賃金といった私的便益と、進学費用といった私的費用から計算される。社会的収益率とともに教育の収益率の概念といわれる。経済協力開発機構（OECD）の教育に関する2016年版の資料では、日本の高等教育の私的収益率は男女ともOECD加盟国の平均を下回っている。

社会的収益率 → 58
国の教育への投資がどの程度の便益を生んでいるのかを算出した数値。教育がもたらす高い収入による税収増や失業率の低下などの社会的便益を含む便益の合計と、財政的な補助金・奨学金などの社会的費用を含む費用の合計から計算される。

修士 → 6
大学院の修士課程を修めた後に授与される学位。下位の学士と上位の博士の中間に位置する学位であり、博士（後期）課程を受験する際の基礎的な要件である。

国際的には Master に相当する。

集中戦略 → 123
競争する市場を狭く限定することで競争優位を実現しようとする戦略。特定の地域の市場、特定の年齢層の市場、特例のニーズをもった市場などで範囲を限定していく。経営学者のマイケル・ポーターが提唱した3つの基本戦略の1つである。

受益者負担 → 59
特定の公共事業に必要な経費にあてるため、その事業によって特別の利益を受ける者に経費を負担させること。大学においては学生の授業料などが受益者負担の例である。

受託研究 → 60
民間企業からの委託によって研究経費を受け入れて研究者が実施する研究。民間企業にとっては大学の協力を得て持ち合わせていない技術分野へ研究を進めることができ、大学にとっては研究費の獲得によって研究を推進することができる。

ジョイントディグリー → 6
複数の大学が一定の期間において学習プログラムを修了させることにより授与する単独の学位。海外の大学と日本の大学のジョイントディグリーについては、2014年の大学設置基準などの改正において認められ、連携する大学が連名形式の学位を授与することができる。

奨学金 → 5, 54, 111, 124
学費や学生生活を金銭的に支援する制度。日本学生支援機構などの団体によるもの、学生の所属大学独自のものなどがある。返還を要する貸与と返還を要しない給付に分けられる。就学上必要な育英的な意味と勉学そのほかの活躍に対する奨励的な意味にも分けられる。

情報の非対称性 → 130
取引される財やサービスの質などに関する情報が当事者間で異なる状態。商品を売る人には、その商品に対して専門的な知識をもっているが、買う人にはそのような知識がない状況で起こる。売る人と買う人の間で、情報をできる限り共有しなければ、買う人を騙したり、売る人が商品を思い通りに販売できなくなったりする市場の失敗の原因につながる。

初年次教育 → 18
大学の初年次学生を対象とした教育。大学への入学に際して、中等教育からの円滑な移行を促すことや、入学後の教育内容の効果をより高めることを目的として、学生に提供される。大学生活への適応、大学で必要な学習スキルの獲得、当該大学への適応、自己分析、キャリア開発への導入、学習への動機づけ、専門領域への導入といった内容が含まれる。

私立大学等経常費補助金 → 5,124,134
私立大学などに対する経常的経費の補助金。私立学校振興助成法に基づく。私立大学などの教育条件と研究条件の維持向上、在学生の修学上の経済的負担の軽減、経営の健全化などを目的とする。日本私立大学学校振興・共済事業団が国から補助金を受けて学校法人に交付される。

ステークホルダー → 3,25,128,150
利害関係者の総称。利害関係とは金銭をやりとりする関係だけではなく、企業であれば従業員や顧客、大学であれば教職員や地域など、組織が活動するためにかかわっているすべてがステークホルダーといえる。経営資源の配分決定や経営戦略の策定を行うために組織を取り巻く利害関係者を分析することをステークホルダー分析という。

正課教育 → 111,144
カリキュラムの中に設定した授業科目などで、学習の成果に対して単位を与える教育活動の総称。卒業要件に関係がなく、単位を付与しない活動を正課外教育といい、正課教育と比較して用いることがある。

セクショナリズム → 114
課や係などのセクションがそれぞれの権限や利害に固執して張り合い、お互いに協調・連携しない傾向や状態のこと。官僚的な組織は、分業制により全体の目的や利益の意識が薄れるため、セクショナリズムを生み出しやすい特徴をもつ。

専門職 → 23,37,93,144
専門的な知識や技能を必要とする職業。固有の専門的な知識や技能に支えられた職業分類。活動に一定の裁量が与えられるなどの特徴的な性質をもってほかから区分される諸職業として扱われる。医師、法律家、聖職者は、伝統的な専門職の代表とされる。

大学院 → 4, 30, 43, 83, 94, 140
大学の学士課程の上位の教育課程を有する教育研究機関。一般的に2年間の修士課程、修士取得後3年間の博士後期課程がある。2003年に専門職大学院の制度が開始されたのに伴い新しく専門職学位を取得する課程が加わった。

大学基準協会 → 52
アメリカのアクレディテーション団体をモデルに1947年に国公私立大学46校が集まって設立された自立的な大学団体。認証評価制度が開始されてからは、評価機関として文部科学大臣から認証を受けている。

大学行政管理学会 → 141
プロフェッショナルとしての大学行政管理職員の確立を目指して、主として大学職員によって設立された学会。実践的な研究や職員の能力開発などの活動が特徴で、職能団体としての側面も有している。

大学設置・学校法人審議会 → 48
文部科学大臣からの諮問に応じ、公私立大学および高等専門学校の設置などに関する事項、大学等を設置する学校法人に関する事項を調査審議する機関。文部科学省に置かれる審議会の1つである。

大学設置基準 → 8, 44, 71, 94, 103, 146
日本で大学を設置するのに必要な最低の基準を定めた法令。この基準は大学の設置後も維持しなければならない。教員組織、教員資格、収容定員、教育課程、卒業の要件などが定められている。大学設置基準は省令であり、文部科学大臣が制定することができる。

大学設置基準の大綱化 → 9, 36
1991年の大学設置基準改正のこと。大学設置基準により教育課程の編成方針が一定の基準のもとに定型化されていたが、この大綱化により各大学にゆだねられ、一般教育科目、外国語学目、専門科目にとらわれず、いわゆる教養教育に係る科目を自由に設定できるようになった。また、教養部の解体、カリキュラム改革、評価システムの導入などさまざまな改革を各大学が実施する発端と位置づけられる。

大学設置認可制度 → 6
大学の設置を評価する仕組み。日本の大学は、文部科学大臣の認可がなければ設

立できない。文部科学大臣は各学問分野の専門家で構成された審議会に、認可にあたって問題がないか意見を求めることが学校教育法で定められている。

大学の自治 → 7, 79
国家権力などの外部権力の影響を排除し、大学が自主的・自律的に教育や研究に関する事項を決定すること。日本国憲法で学問の自由が保障されており、その制度的な裏付けとして大学の自治が位置づけられる。中世ヨーロッパの大学以来の伝統であり、今日の大学にも継承される重要な理念である。

大学の社会的責任 → 13
大学が倫理的観点から事業活動を通じて、自主的に社会に貢献する責任。大学が教育研究などを通じて建学の精神等を実現していくために、社会の要請や課題などに柔軟に応え、その結果を社会に説明・還元できる経営組織を構築し、教職員がその諸活動において適正な大学運営を行うことが求められている。英語ではUniversity Social Responsibility と記し、USR と略されることがある。

大学紛争 → 35, 82
1960 年代末を中心に学生運動が活発になり、日常的に大学と学生が対立し、大学の機能が麻痺し社会問題化した状態。日本各地の大学で起こっただけではなく、世界で同時多発的に起こった現象である。大学の大衆化などの世界に共通した課題と各国が抱える社会問題などが原因と考えられている。

大学ランキング → 9, 15, 37
高等教育機関をさまざまな指標によって順位づけしたもの。世界の大学を対象としたランキングと国内の大学を対象としたランキングがある。世界の大学ランキングの代表的なものとして、イギリスの教育専門誌 Times Higher Education が2004 年から発表している「THE 世界大学ランキング」がある。

多角化戦略 → 125
組織の成長戦略の 1 つで、新しい事業分野へ進出すること。既存事業との関連性によって技術関連多角化、市場関連多角化、非関連多角化に区別される。一般的には、既存経営資源を有効に利用できる分野への多角化が高い成果をもたらすことが多い。

ダブルディグリー → 6
複数の大学が一定の期間において学習プログラムを修了させることにより授与す

る複数の学位。日本と外国の大学が、教育課程の実施や単位互換などについて協議し、双方の大学がそれぞれ学位を授与する。

単位互換制度 → 126
在籍する教育機関以外で修得した単位を、在籍する教育機関の単位として認定する制度。自分の教育機関では学べない分野の授業を受け、新たな学生や教員と出会うことができる。単位互換制度により修得できる単位数は、大学、大学院、短期大学においてそれぞれ決められている。

単位制度 → 30
授業科目を単位と呼ばれる学習時間数に分けて修得していく制度。大学などでは1単位あたり45時間の学習を必要とすることが定められている。学習時間には予習復習などの授業時間外の学習も含まれる。

単位認定 → 16
単位の授与を決定すること。授業科目を履修した学生に対して試験結果をもとに単位を与えるのが一般的である。また、ほかの教育機関における授業科目の履修、入学前に修得した単位によっても、教育上有益と認めるときは当該大学における授業科目の履修とみなして単位を認定することができる。

知識基盤社会 → 19,37
新しい知識・情報・技術が政治・経済・文化をはじめ社会のあらゆる領域での活動の基盤として飛躍的に重要性を増す社会。2005年の中央教育審議会答申「我が国の高等教育の将来像」において示された。

中央教育審議会 → 22,47,84,143
文部科学大臣からの求めに応じて、教育、学術または文化に関する基本的な重要施策について専門家が調査・検討し、大臣へ意見を述べる機関。意見をまとめた結果を答申という。30名以内の学識経験者である委員に加え、臨時委員や専門委員が置かれることもある。

チューニング → 16
学位プログラムを設計・実践する方法を共有することを通して、大学教育の等価性を高めていくことを目指す取り組み。学位制度と単位制度を共有するボローニャ宣言を契機に着手されている。多様性と自律性を大学の強みとみなし、標準化を招くことなく、大学教育の中身を社会に対してわかりやすく説明しようとす

る。

ティーチング・ポートフォリオ → 96
教員の教育業績記録。教育活動の振り返りをとおした授業改善、教育業績の評価を主な目的としている。教員が自らの教育活動について振り返って記述された8から10ページ程度の本文とそれらの記述を裏づけた資料から構成される。

定款 → 68
法人の目的や組織などの基本的な事項を定めたもの。公立大学法人は定款に記載すべき事項があらかじめ定められている。なお、国立大学法人には定款は存在せず、その役割は国立大学法人法などが果たしている。

帝国大学 → 31, 81
第二次世界大戦以前に存在した官立大学のうち、1919年の改正帝国大学令の適用を受ける大学。東京、京都、東北、九州、北海道の5機関が改正前に、改正後は京城、台北、大阪、名古屋の4機関が設立された。現在日本にある7機関は、旧帝国大学や旧帝大と呼ばれる。

ディプロマ・ポリシー → 18, 48, 132
卒業の認定に関する方針。卒業までにどのような能力の習得を目指すのか、学生が達成すべき具体的な学習成果を設定したものである。学校教育法施行規則において、アドミッション・ポリシーやカリキュラム・ポリシーとともに公表することが義務づけられている。

ディプロマミル → 6
十分な教育を施さずに、営利目的で卒業証書を発行する大学。アメリカにおいては、連邦政府による大学の認可制度が存在しないために、このような大学を取り締まることは実質的に難しい。インターネットを使った大学も増えており、ディプロマミルが起こりやすい。学位工場やディグリーミルとも呼ばれる。

テニュア → 97
終身在職権。教員の自由な教育研究活動を保障するため、定年まで当該大学の教員としての身分を保障する制度である。アメリカの大学では、任期付きで雇用した後に、厳格な審査を実施し、その間の業績や教員としての資質や能力が高いと認められた場合に、テニュアが与えられる制度が一般的である。

伝統的学生 → 17, 35
高校卒業後に社会経験をもたずに大学に入学する、伝統的に多数派を占める同年齢層の学生。社会経験をもつ成人学生やパートタイム学生などは非伝統的学生と呼ぶ。

日本学生支援機構 → 59
学生支援を目的とした独立行政法人。2004 年に日本育英会、財団法人日本国際教育協会、財団法人内外学生センター、財団法人国際学友会、財団法人関西国際学友会が合併して設立された。主に奨学金事業、留学生支援事業、学生生活支援事業を実施している。

日本私立大学協会 → 127
日本の私立大学を会員とする団体。1946 年に全国私立大学連合会として発足し、1948 年に日本私立大学協会と改称し現在にいたる。私立大学の振興を通して学術および教育の発展に貢献することを目的としている。現在の会員数は、385 学校法人 404 大学である。

日本私立大学連盟 → 127
日本の 4 年制の私立大学を加盟大学とする団体。1951 年に 23 の私立大学によって設立された。現在の加盟大学は、111 法人 125 大学である。私立大学の振興を通して学術文化の発展に貢献することを目的としている。日本私立大学連盟の加盟大学は比較的規模の大きい大学が多いという特徴をもつ。

入学前教育 → 18
推薦入学や AO 入試合格者などの早期に入学が決定した受験生に対して行われる準備教育。高校までの学習内容を見直したり大学での学習を先取りしたりすることで、大学教育にスムーズに移行することを目的としている。IT を活用した高校までの補習やレポートの書き方などの指導がある。

認証評価 → 8, 46
文部科学大臣が認証する評価機関が実施する評価。2004 年から大学、短期大学、高等専門学校および専門職大学院は、7 年以内に 1 度、認証評価機関による評価を受けることが学校教育法で義務づけられている。

ネーミングライツ → 66
施設などに名称を付与する権利。権利を付与する側にとっては収入を得られ、付

与される側にとっては法人名や商品名を広報するというメリットがある。もともとはスポーツ関連の施設で採り入れられることが多かった。

納付金 → 17, 54, 83, 110, 123
公的機関に支払われる金銭。大学における納付金には、入学金や年間の授業料のほか、実習費や施設整備費などがあり、大学によってさまざまである。学校教育法施行規則により、大学は在学中にかかる経費を受験生などにわかりやすく公表することを大学に義務づけている。

博士 → 6
大学院の博士課程を修めた後に授与される学位。最上位の学位として位置づけられている。国際的にはDoctorに相当する。大学院の博士課程へ進学し、研究した後に博士の認定をされる課程博士と、博士課程を経ずに博士論文を提出し博士と認定される論文博士がある。

バランス・スコアカード → 121
財務数値に表される業績だけではなく、財務以外の経営状況や経営品質から経営を評価し、バランスのとれた業績の評価を行うための手法。キャプランとノートンが1990年代前半に考案した経営管理システムである。主に企業で用いられていたが、近年大学でも活用されている。

汎用的能力 → 19
さまざまな状況のもとで活用することのできる能力。批判的思考力、コミュニケーション力、リーダーシップ、創造性、柔軟性などがあげられる。転移可能能力とも呼ばれる。汎用的能力を重視した概念として、中央教育審議会答申で提示された学士力、経済産業省の提言する社会人基礎力がある。

ピアサポート → 145
同じ立場の者による支援。大学においては、学生がほかの学生を支援する活動として使用される。学生生活への適応支援、学習支援、キャリア開発支援、留学生に対する支援、広報活動、図書館における支援、障害のある学生の支援などがある。

部局 → 73, 104
学部やセンターなど専門分野別に教員が集まる一定の権限をもつ組織のこと。大学の規則に、どのような組織が部局であるか、あらかじめ定められていることが

一般的である。

プレスリリース → 137
報道機関に向けた情報の発表。ファクシミリ送信、インターネットのウェブサイト掲示、郵送、文書の直接配布、記者会見などの方法が用いられる。ただし、報道機関の記事になるかどうかは報道機関が判断する。主に広報部門が担当する。

ベルリン大学 → 29
1810年に教育と研究の一体化という新しい理念のもとにベルリンに創設された大学。近代の大学のモデルとなったとされる。第二次世界大戦後、西のベルリン自由大学と東のフンボルト大学に分かれた。

マス段階 → 11
大学進学が一定の資格を備えた者に与えられた権利である大学の発展段階。教育学者のマーチン・トロウによって提案された概念で、該当年齢人口に占める大学進学率が15％から50％までの段階をいう。日本の場合は、1960年代前半から2005年頃までの大学があてはまる。

模倣戦略 → 126
ほかの組織が先行して販売している製品やサービスと同じようなものを後発で販売していく戦略。先行している組織が行っているすぐれた取り組みを取り込んでいくことは、市場にニーズがあることも実証されており効率的に進めることができる。

モラトリアム → 38
社会的責任を一時的に免除あるいは猶予されている期間。心理学者のエリクソンが提案した精神分析学の用語。本来は支払い猶予期間の意味で使用されていたが、人の発達における準備期間である青年期にも使用されるようになった。

モリル法 → 30
南北戦争中の1982年に制定されたモリル・ランドグラント法。連邦政府の土地を州政府に供与し、工学や農学の高等教育機関の設置を促した。モリル法により設立された大学をランドグラント（土地付与）大学といい、その後、総合大学に発展した大学も多い。

ユニバーサル段階 → 11,18,41,110,128
大多数の者が大学に進学し、大学進学が一種の義務とみなされる大学の発展段階。教育学者のマーチン・トロウによって提案された概念で、該当年齢人口に占める大学進学率が 50% 以上の段階をいう。日本の場合は、2005 年頃以降の大学があてはまる。

ラーニング・コモンズ → 9,144
学内に設けられた学習のための共有スペース。大学図書館に設置される事例が多く見られる。個人の学習はもとより、学生間の協同学習を推奨する意図がある。コモンズは共有資源を意味する外来語で、資源が共同で所有管理される仕組みや、そのように所有管理される資源そのものを指す。ラーニング・コモンズでは、場所の共有を通じて、学びや知識生産の価値をも共有することが期待される。

ランチェスター戦略 → 126
戦争における戦闘員の減少度合いを数理モデルにもとづいて記述した法則。フレデリック・ランチェスターによって提案され、軍事だけでなく経営の分野でも活用されている。強者と弱者にとって適切な戦略が異なり、強者は総合戦に持ち込むことが有効で、弱者は局地戦を行うことが有効であることを示している。

リサーチアドミニストレーター → 145
大学の研究活動の活性化のため、資金調達などの研究者の支援や研究マネジメントを行う職員。現在、国が進める科学技術イノベーション政策において研究大学を中心に増加している。URA（University Research Administrator）と呼ばれることもある。

理事会 → 69,81
学校法人の適正な管理のために置かれる組織。学校法人の業務に関する最終的な責任と権限をもつ。私立学校法第 36 条第 1 項において「学校法人に理事をもって組織する理事会を置く」、同第 2 項において「理事会は、学校法人の業務を決し、理事の職務の執行を監督する」と規定されている。

理事長 → 68,83
学校法人を代表し、その業務を総理する役職者。理事となる者は、当該学校法人の設置する私立学校の校長や学長、評議員のうちから寄附行為の定めるところにより選任された者、そのほか寄附行為の定めるところにより選任された者である。

リベラルアーツ → 27
専門職業教育とは異なり、思考力や判断力の養成のための教養的知識の提供や、そのような能力を身につけさせることを目標にする教育。リベラルアーツの起源は、中世ヨーロッパの大学における教養教育である。リベラルアーツの教育を目的とした大学をリベラルアーツカレッジという。

リメディアル教育 → 18
大学教育を受けるための基礎学力をもたない学生に対して、大学教育を受ける前提となる基礎的な知識などを習得させる教育。補修教育とも呼ばれる。入学前教育や、大学で学ぶうえでの基礎となる高等学校レベルの授業の実施などが例としてあげられる。2008年の中央教育審議会答申「学士課程教育の構築に向けて」においては、「大学教育を受ける前提となる基礎的知識などを大学生が入学前後に学び直す補習教育」と位置づけている。

臨時教育審議会 → 36
1984年の臨時教育審議会設置法に基づき総理府に設置された行政機関。そこで出された答申により教育の自由化の方向性が示され、規制緩和や市場主義の導入など、その後の教育の制度改革につながった。

ルースカップリング → 84
組織を構成する下部の組織や要素がゆるやかに結びついた状態、もしくはその状態にある組織のこと。大学などの教育機関に特徴的に現れることが多い。反対に一枚岩的な組織構造をタイトカップリングという。

参考文献

天野郁夫（2013）『大学改革を問い直す』慶應義塾大学出版会
有本章編（2008）『変貌する日本の大学教授職』玉川大学出版部
有本章編（2011）『変貌する世界の大学教授職』玉川大学出版部
有本章、江原武一編（1996）『大学教授職の国際比較』玉川大学出版部
伊丹敬之、加護野忠男（1993）『ゼミナール経営学入門』日本経済新聞社
市川昭午（2008）「高等教育財政研究の課題と方法」塚原修一編『高等教育の現代的変容と多面的展開―高等教育財政の課題と方向性に関する調査研究』、pp. 9-36
岩崎保道（2011）『大学政策論』大学教育出版
マックス・ウェーバー（阿閉吉男、脇圭平訳）（1987）『官僚制』恒星社厚生閣
潮木守一（1993）『アメリカの大学』講談社
潮木守一（2009）『職業としての大学教授』中央公論新社
江原武一（1984）『現代高等教育の構造』東京大学出版会
小野勝士、村瀬隆彦、上西浩司、中井俊樹編（2014）『大学の教員免許業務 Q＆A』玉川大学出版部
各務正、山本淳司、秦敬治、山﨑その（2016）「組織文化に基づく大学職員試論」『大学職員論叢』大学基準協会
加藤毅（2010）「大学職員のプロフェッショナル化に向けて」『IDE 現代の大学教育』No. 523、pp. 4-10
金子元久、小林雅之（1996）『教育・経済・社会』放送大学教育振興会
川口浩編（2000）『大学の社会経済史―日本におけるビジネス・エリートの養成』創文社
川嶋太津夫（2012）「変わる労働市場、変わるべき大学教育」『日本労働研究雑誌』労働政策研究・研修機構、vol. 54(12)、pp. 19-30
マイケル・ギボンズ（小林信一監訳）（1997）『現代社会と知の創造―モード論とは何か』丸善
バートン・クラーク（有本章訳）（1994）『高等教育システム―大学組織の比較社会学』東信堂
マーク・グラノヴェター（野沢慎司編・監訳）（2006）『リーディングス ネットワーク論―家族・コミュニティ・社会関係資本』勁草書房
国立大学財務・経営センター（2004）『国立大学法人経営ハンドブック』
児玉善仁、赤羽良一、岡山茂、川島啓二、木戸裕、斉藤泰雄、舘昭、立川昭編（2018）『大学事典』平凡社
小林信一（2018）「専門職大学制度化の経緯と背景」『IDE 現代の高等教育』No.

599、pp. 4-11
小林雅之（2012）「理解されない中教審答申"大道具"としての教学マネジメントとは」『アルカディア学報』No. 506
児美川孝一郎（2018）「専門職大学の展望」『IDE 現代の高等教育』No. 599、pp. 18-22
ジョン・ザイマン（村上陽一郎、川崎勝、三宅苞訳）（1995）『縛られたプロメテウス』シュプリンガー・フェアラーク東京
篠田道夫、教育学術新聞編集部（2014）『大学マネジメント改革　改革の現場—ミドルのリーダーシップ』ぎょうせい
島一則編（2011）『大学とマネー—経済と財政』玉川大学出版部
鈴木勲編（2009）『逐条 学校教育法 第 7 次改訂版』学陽書房
鈴木典比古、村中均（2014）『グローバル教育財移動理論—大学教育の質保証と国際化』文眞堂
ダニエル・セイモア（舘昭、森利枝訳）（2000）『大学個性化の戦略—高等教育の TQM』玉川大学出版部
大学行政管理学会学事研究会（2010）『大学用語集』学校経理研究会
中央教育審議会大学分科会大学教育部会（2016）『「卒業認定・学位授与の方針」（ディプロマ・ポリシー）．「教育課程編成・実施の方針」（カリキュラム・ポリシー）及び「入学者受入れの方針」（アドミッション・ポリシー）の策定及び運用に関するガイドライン』
寺倉憲一（2014）「大学のガバナンス改革—知の拠点にふさわしい体制構築を目指して」『調査と情報— ISSUE BRIEF』No. 826
寺﨑昌男（2008）「大学リテラシー試論—大学人 特に職員の基礎知識を考える」『教育学術新聞』第 2307 号
東京大学大学経営・政策コース編（2018）『大学経営・政策入門』東信堂
ピーター・ドラッカー（現代経営研究会訳）（1965）『現代の経営　下』ダイヤモンド社
マーチン・トロウ（天野郁夫、喜多村和之訳）（1976）『高学歴社会の大学—エリートからマスへ』東京大学出版会
中井俊樹（2011）「学士課程の学生に研究体験は必要か—国際的動向と論点整理」『名古屋高等教育研究』第 11 号、pp. 171-190
中井俊樹（2017）「大学教員の共通する特徴を理解する」『教育学術新聞』平成 29 年 7 月 5 日号
中井俊樹編（2015）『シリーズ 大学の教授法 3　アクティブラーニング』玉川大学出版部
中井俊樹、上西浩司編（2012）『大学の教務 Q&A』玉川大学出版部

中島朗洋（2019）「平成 31 年度文教及び科学振興費について」『ファイナンス』平成 31 年 3 月号、pp. 22-29

中島英博（2015）「科目ナンバリングを活用したカリキュラムの体系化とスリム化」『名古屋大学高等教育研究センターかわらばん』No. 50

中村高昭（2015）「地方創生における大学の役割―期待の一方、厳しさを増す大学を取り巻く環境」『立法と調査』No. 371、pp. 30-40

中山茂（1978）『帝国大学の誕生』中央公論社

夏目達也、近田政博、中井俊樹、齋藤芳子（2010）『大学教員準備講座』玉川大学出版部

日本学生支援機構（2016）『平成 26 年度学生生活調査報告』

日本教育経営学会編（2000）『大学・高等教育の経営戦略』玉川大学出版部

日本経済研究所（2011）『大学の教育研究が地域に与える経済効果に関する調査研究報告書』

日本経済新聞社（2002）『やさしい経営学』日本経済新聞社

日本私立学校振興・共済事業団（2016a）『平成 27 年度私立大学等経常費補助金交付状況の概要』

日本私立学校振興・共済事業団（2016b）『平成 28 年度私立大学・短期大学等入学志願動向』

日本私立大学協会大学事務研究委員会編（1977）『私立大学事務運営要項』日本私立大学協会

日本能率協会（2011a）『大学職員ナレッジ・スタンダード　大学マネジメント編Ⅰ』日本能率協会

日本能率協会（2011b）『大学職員ナレッジ・スタンダード　大学マネジメント編Ⅱ』日本能率協会

日本能率協会（2011c）『大学職員ナレッジ・スタンダード　大学業務知識編Ⅰ』日本能率協会

日本能率協会（2011d）『大学職員ナレッジ・スタンダード　大学業務知識編Ⅱ』日本能率協会

日本能率協会（2011e）『大学職員ナレッジ・スタンダード　大学業務知識編Ⅲ』日本能率協会

ロバート・バーンバウム（高橋靖直訳）（1992）『大学経営とリーダーシップ』玉川大学出版部

萩原誠（2016）『地域と大学―地方創生・地域再生の時代を迎えて』南方新社

蓮實重彦、アンドレアス・ヘルドリヒ、広渡清吾編（2003）『大学の倫理』東京大学出版会

羽田貴史（2010）「高等教育研究と大学職員論の課題」『高等教育研究』第 13 集、

pp. 23-42
広田照幸、吉田文、小林傳司、上山隆大、濱中淳子編（2013）『大学とコスト―誰がどう支えるのか』岩波書店
福留東土（2013）「アメリカの大学評議会と共同統治―カリフォルニア大学の事例」『大学論集』第 44 集、pp. 49-64
文教協会（2015）『〈平成 27 年度改訂〉大学設置審査要覧』文教協会
アーネスト・ボイヤー（有本章訳）（1996）『大学教授職の使命―スカラーシップ再考』玉川大学出版部
マイケル・ポーター（土岐坤、服部照夫、中辻万治訳）（1982）『競争の戦略』ダイヤモンド社
ロバート・マートン（森東吾訳）（1961）『社会理論と社会構造』みすず書房
孫福弘（1998）「大学経営のイノベーション」『大学教育』22 号、pp. 28-38
松下智之（1992）「なぜ管理職に期待がかかるのか」『大学時報』223 号
両角亜希子（2010）『私立大学の経営と拡大・再編― 1980 年代後半以降の動態』東信堂
文部科学省（2012）「学校法人の仕組み」http://www.mext.go.jp/a_menu/koutou/shinkou/07021403/__icsFiles/afieldfile/2012/10/23/1230451_08_1.pdf（最終アクセス：2019 年 7 月 7 日）
文部科学省（2017）「国立大学法人の仕組みの概要」http://www.mext.go.jp/component/a_menu/education/detail/__icsFiles/afieldfile/2017/04/07/1289324_01.pdf（最終アクセス：2019 年 7 月 7 日）
文部科学省（2018）『平成 29 年度文部科学白書』日経印刷
安原義仁、大塚豊、羽田貴史編（2008）『大学と社会』放送大学教育振興会
山本眞一編（2004）『SD（スタッフ・ディベロップメント）が変える大学の未来 大学事務職員から大学経営人材へ』文葉社
山本眞一（2012）『大学事務職員のための高等教育システム論―より良い大学経営専門職となるために』東信堂
山本眞一、田中義郎（2014）『大学マネジメント論』放送大学教育振興会
横尾壮英（1999）『大学の誕生と変貌―ヨーロッパ大学史断章』東信堂
龍慶昭、佐々木亮（2009）『大学の戦略的マネジメント―経営戦略の導入とアメリカの大学の事例』多賀出版
Bryson, J. (1995) *Strategic Planning for Public and Nonprofit Organizations*, Jossey-Bass.
Hattie, J. & Marsh, H. (1996) The Relationship between Research and Teaching—A Meta-Analysis, *Review of Educational Research*, 66, 507-542.
OECD (2017) *Education at a Glance* 2017.

Perkin, H. (1969) *Key Profession: The History of the Association of University Teachers*, Routledge and Kegan Paul.
Peterson, M., Dill, D., and Mets, L. (Ed.) (1997) *Planning and Management for a Changing Environment*, Jossey-Bass.

執筆者（2019 年 7 月現在）

中井俊樹（なかい・としき）　編者、1 章、5 章共著、8 章、10 章
愛媛大学教育・学生支援機構教授
専門は大学教育論、人材育成論。1998 年に名古屋大学高等教育研究センター助手となり、同准教授などを経て 2015 年より現職。大学教育学会理事および日本高等教育開発協会理事。著書に、『アクティブラーニング』（編著）、『看護現場で使える教育学の理論と技法』（編著）、『大学の IR Q&A』（共編著）、『大学の教務 Q&A』（共編著）、『大学教員のための教室英語表現 300』（編著）、『大学教員準備講座』（共著）、『アジア・オセアニアの高等教育』（分担執筆）、『成長するティップス先生』（共著）などがある。

井上真琴（いのうえ・まこと）　2 章
同志社大学学生支援機構事務部長
1986 年より同志社大学の職員として、教務、システム開発、図書館、企画業務に従事し、現在に至る。その間、公益財団法人大学コンソーシアム京都に出向し、副事務局長を務めた。企画業務においては、高等教育政策調査およびラーニング・コモンズの設計・運営に携わる。著書に『図書館に訊け！』（単著、私立大学図書館協会賞）がある。同志社大学嘱託講師（学術情報利用教育論）。

大津正知（おおつ・まさとも）　3 章、7 章、12 章
中京大学秘書部課長補佐兼教学部教育企画課課長補佐
九州大学理学部物理学科卒業、同大学院で科学史を専攻後、九州大学比較社会文化研究院で特任助手として勤務した際、全学教育（教養教育）のカリキュラム改革に携わったことを契機に大学職員の道に。九州大学学務部学務企画課等で、教育改革の計画立案、競争的資金の獲得、大学評価（法人評価、認証評価を 2 回ずつ経験。）、FD・SD の企画等を担当。職務内容の特性上、学内の各部署を越えて包括的な業務に従事。2017 年より中京大学に勤務。

竹中喜一（たけなか・よしかず）　5章共著

愛媛大学教育・学生支援機構講師
専門は大学職員の能力育成を中心とする高等教育論、教育工学。大阪大学人間科学部卒業後、民間企業でのSEや営業支援の業務を経て、2008年関西大学に専任事務職員として入職。学生による教育・学修支援制度の設計・運用、ICT活用支援、授業評価、SD、教学IR関連業務を担当。関西大学在職中に名古屋大学大学院教育発達科学研究科博士前期課程修了後、大阪大学大学院人間科学研究科博士後期課程修了。博士（人間科学）。愛媛大学教育・学生支援機構特任助教を経て、2019年より現職。著書に『大学のFD Q&A』、『アクティブラーニング型授業としての反転授業［実践編］』（ともに分担執筆）がある。

宮林常崇（みやばやし・つねたか）　4章、6章、9章、11章

首都大学東京管理部企画広報課長
公立大学法人首都大学東京に入職後、教務畑を中心に歩み、2012年4月から文部科学省に出向し、大学振興課で大学院補助金制度関連業務に従事。その後、首都大学東京に戻り、教務課教務係長、国際課国際化推進本部教務企画担当係長、日野キャンパス管理部庶務係長、URA室長等を経て2019年4月から現職。主に職員対象の研修会やセミナーにおいて人材育成に関する報告・発表を行っている。公立大学協会共通テキスト編集チームリーダー、名古屋大学高等教育研究センター教務系SD研究会・大学教務実践研究会事務局長、同センターマネジメント人材育成研究会、公立大学職員SDフォーラム代表。

大学 SD 講座 1
大学の組織と運営

2019 年 8 月 20 日　初版第 1 刷発行
2024 年 8 月 20 日　初版第 4 刷発行

編著者─────中井俊樹
発行者─────小原芳明
発行所─────玉川大学出版部
　　　　　　　〒 194-8610　東京都町田市玉川学園 6-1-1
　　　　　　　TEL 042-739-8935　FAX 042-739-8940
　　　　　　　www.tamagawa-up.jp
　　　　　　　振替　00180-7-26665
装　丁─────しまうまデザイン
印刷・製本───創栄図書印刷株式会社

乱丁・落丁本はお取り替えいたします。
ⓒToshiki Nakai 2019　Printed in Japan
ISBN 978-4-472-40551-8 C3037 / NDC 377